香港非物質文化遺產系列

戲棚搭建技藝

劉智鵬　黃君健　盧惠玲　著
嶺南大學　策劃

中華書局

目錄

序

竹棚 —— 在香港這個現代都市中，是最常見甚至不可或缺的建築元素。無論是城中摩登高廈的建造，還是鄉間神功戲的戲棚，在建設過程中，總少不了這個由石器時代發展到今天的「臨時建築」，令人嘖嘖稱奇！

一本由嶺南大學香港與華南歷史研究部撰寫的「戲棚搭建技藝研究」，是深入探討此一非物質文化遺產的專書。書中正為我們解答有關竹棚的緣起及如何於香港引入及應用的脈絡，以及戲棚搭建技藝何以是香港人以至建築界最引以為傲的傳統智慧！

我們今天常見的竹棚，主要分為神功戲棚及建築棚。神功戲棚發源自人類早期的棲所，隨着歷史步伐及因應生活所需，逐漸衍生為民間節慶而搭建的戲棚。香港至今仍能保留這華夏文化的傳統習俗，為鄉村父老提供一個娛樂設施。至於建築棚，也許在香港的發展比內地更為迅速和普遍，主因是香港甚麼都講求速度，建築棚正好配合快捷方便的生活節奏，亦可循環再用，香港屋宇署亦接受這類不用提供圖則和力學計算數據資料予屋宇署都可以搭建的臨時建築物，以方便建築業運作。在建築業界提供的培訓，加上搭棚師傅的吸引薪酬，令建築棚的技術得以傳承。

書中的有趣資料包括介紹不同式樣的神功戲棚、早期位於元朗可坐萬人的特大戲棚，以及今天仍承傳下來的蒲台島懸崖棚。隨着時代的推移，今天再難有龐大的觀眾群，戲棚的規模已今非昔比，唯蒲台島在每年天后寶誕所搭建的懸崖棚，建造方法及技術非常困難，卻反映民間對傳統理念的執着，更成為戲棚中的非凡例子！

書中亦有提及西九大戲棚，筆者嘗試補充一點兒背景 —— 西九大戲棚是西九文化區在戲曲中心尚未興建前作為前奏出現，以加強推廣粵劇的發展，讓市民能提早感受西九文化區的多元性，當中既追求國際文化舞台，亦宏揚本地藝術，包括具有香港特色的粵劇。為此，西九管理局認為傳統戲棚需加入設計元素，並邀請建築師為這個臨時戲棚提供設計，以凸顯本地的文化特色，先後有林偉而建築師及本人擔任設計顧問，是難得吸取戲棚建築技藝的寶貴經驗。

也許，竹棚在香港隨處可見，已不會引起市民的驚嘆；唯令我最深刻的一個印象，是在 1985 年的一個下午……筆者途經中環當時剛建成的香港滙豐銀行總行，抬頭看到這座超前衛大廈的頂層外牆，竟然搭建了一個懸空竹棚或稱為飛棚的構築物。這一趣異的情景，正提醒我們，即使是最現代科技的建築，也避不了以傳統的技藝作支援。從現實角度衡量，若然要在高處進行維修作業，最務實的方法還是用竹支紮結一個臨時工作平台，遠比採用金屬棚架優勝。未知設計該前衛建築的霍朗明爵士（Sir Norman Foster）是否有反思這一既吊詭亦有互動的文化現象！

放眼未來，筆者深信竹棚這項傳統建築技藝不會在香港沒落。國際音樂大師譚盾先生用「WE」字來形容香港，「W」代表「WEST」，「E」代表「EAST」。香港的特色，正是「West ＋ East」。我們讓 WE 延續下去，這正是非物質文化遺產的承傳！

馮永基
JP FHKIA AIA (Hon.)
香港中文大學建築學院兼任教授

第一章

戲棚搭建的源流及發展

第一節　竹棚技術的起源

從傳說到考古

搭棚，古稱「築棚」、「構棚」等，[1] 指用竹、木搭成篷架或建築物的技術，是一門蘊含工程學與自然智慧的傳統建築技藝。搭棚技術在中國已有悠久歷史，其起源可追溯至數千年前的新石器時代。當時人類為了抵禦蛇蟲野獸的侵襲，發明了「構木為巢」的技術，[2] 即以竹木在樹上搭建巢居（像鳥巢一樣的住所）。[3] 有學者推斷，巢居的原始形態是在大樹的樹杈上架木，然後鋪置樹枝與莖葉形成居住面，上端則以枝幹相交，再蓋上茅草，形成遮風擋雨的棚架。[4] 後來古人為了擴大居住空間，又學會在相鄰的兩棵或四棵大樹上構築成較大型的巢居。然而，居於樹上的生活極不方便，直接在地上建屋又要面對潮濕、蛇蟲野獸等問題，於是古人

1　「搭棚」一詞的形成不晚於元末明初，如《三國演義》第 88 回稱：「內外皆搭草棚，遮蓋馬匹，將士乘涼，以避暑氣。」或《金瓶梅》第 65 回：「或來保進說：搭棚在外伺候，明日來拆棚。」至於築棚及構棚則早見於宋代，如《上傅寺丞論淫戲書》：「搴優人作戲，或弄傀儡，築棚於居民叢萃之地，四通八達之郊，以廣會觀者，至市廛近地四門之外」《太平廣記·虎七》：「建安人，山中種粟者皆構棚於高樹以防虎，嘗有一人方昇棚。」

2　先秦時期已有多個文獻記載古人建造巢居的原因，如《韓非子·五蠹》：「上古之世，人民少而禽獸眾，人民不勝禽獸蟲蛇，有聖人作，構木為巢以避群害，而民悅之，使王天下，號曰有巢氏。」《莊子·盜蹠》：「且吾聞之，古者禽獸多而人民少，於是皆巢居以避之。」《禮記·禮運》：「昔者先王未有宮室，冬則居營窟，夏則居橧巢。」

3　除了中國以外，還有其他國家擁有巢居的技術，例如在 1886 年有文獻記載巴布亞新幾內亞島上建有約十米高的樹屋，見 "Tree Houses in New Guinea". *Scientific American*, Vol. S4 No. 10 (1886): 152。

4　周新華：《稻米部族：河姆渡遺址考古大發現》。杭州：浙江文藝出版社，2002 年，頁 53。

想到將兩者結合，發展成架高於地面的「干欄式建築」。

1970 年代，浙江省餘姚市出土河姆渡遺址，距今約數千年，屬於
新石器時代，[5] 當中含有大量木構建築遺蹟，其多是原始巢居發展
而來的干欄式建築（古稱「幹蘭」[6]），反映中國早在新石器時代
已掌握原始的搭棚技術。考古學家在河姆渡遺址的多個區域都發
現木構建築遺跡，在發掘區裏更充滿了縱橫交錯的椿木及長圓木
等，總數達數千件之多；當中許多椿木底部被削尖，是為了更有
效地打入泥土裏以固定建築物。木板一般厚 5 至 10 厘米，長 80
至 100 厘米，大多垂直於排椿，明顯是鋪在建築地基上作地板
之用。[7] 除了椿木、木板和長圓木外，還出土了不少帶凹槽的木構
件，表明許多連接點使用了藤條綁紮加固的方法；此外，亦有數
百件構件上帶有榫頭和卯口，說明在數千年前，古人已懂得使用
榫卯技術。考古學家估計，河姆渡人先將大批木椿打入土中，底
下架空約 1 米高，然後鋪上地板。在建立好基座後便立柱架樑，
先用樹枝、樹木或木板綁紮成簡單的木構架及牆，最後用茅草或
樹葉等蓋頂。[8]

. . . .

5　同上，頁 21-22。
6　《魏書・獠傳》：「依樹積木，以居其上，名曰幹蘭。」見魏收：《魏書》，長春：
　　吉林人民出版社，1995 年，頁 1378。
7　邵九華、趙曉波、黃渭金：《遠古文化之光：河姆渡遺址博物館》，北京：中
　　國大百科全書出版社，1998 年，頁 69。
8　周新華：《稻米部族：河姆渡遺址考古大發現》，頁 55。

先秦兩漢的發展

春秋戰國時代，中國無論在工程及建造技術方面都有標誌性的發展，當中出生於魯國的公輸班（即魯班）更是發明了多種工具，如墨斗、曲尺等，[9] 亦定下「準繩分曲直、規矩定方圓」的建造技術基本準則，因而被後世奉為工匠祖師。對於搭棚技術而言，魯班主要有兩方面的貢獻：一、「猴爬竿」，據說魯班是在發明雲梯的同時傳授了人們「猴爬竿」，[10] 即是在棚架上快速移動的技術，包括爬高、登梯、攀杆等，就如猴子在爬樹一樣靈活，而北方人過往就會稱棚匠為「猴爬竿的」；[11] 二、「彎針」，傳說魯班之女魯蘭把納鞋底時無意弄彎的針交給魯班的徒弟棚匠，棚匠卻發現此彎針是可以輕鬆穿繩縫蓆的工具。[12]

時至漢代，除了搭棚技術已有一定的發展外，人們亦開始用竹來蓋搭臨時建築或大型建築物。竹自古已備受中國人所喜愛，其作為建築材料亦有多個用途及優點，首先竹的生長速度快、數量多、堅韌性高而且充滿靈活性，在搭棚過程中可因應實際所需而輕易作出切割，搭建及維修均比木、磚等材料方便。事實上，從出土漢畫石像、畫像磚或陶製明器中看到，漢人在建造望樓或宅院等建築時會以竹木搭成「棚閣」輔助施工（類似於現今的工程

9　李喬：《中國行業神》，台北：雲龍出版社，1996 年，頁 15。

10　《墨子·公輸》：「公輸盤為楚造雲梯之械，成，將以攻宋。」

11　蒲肖依：《建築裏的中國》，香港：三聯書店（香港）有限公司，2019 年。頁 398。

12　李喬：《中國行業神》，頁 18。

漢畫像磚的「棚閣」（中央研究院歷史語言研究所藏品）

棚架），[13] 顯示出搭棚技術在漢代已十分成熟。除了臨時建築及工作平台以外，漢人亦會用竹來搭建大型建築物，例如西漢多個君主用作避暑、理政及祭神的大型宮殿甘泉宮，當中用作祭祀的甘泉祠宮就是以竹所建，因而又稱為竹宮，見《漢書・禮樂志》：「以正月上辛用事甘泉圜丘，使童男女七十人俱歌，昏祠至明，夜常有神光如流星止集於祠壇，天子自竹宮而望拜。」[14]《三輔黃圖・甘泉宮》：「竹宮，甘泉祠宮也，以竹為宮，天子居中。」[15]

另一方面，漢代的「百戲」亦與搭棚技術息息相關。「百戲」，又稱「角牴戲」，是樂舞雜技等表演的總稱，包括雜技、武術、演唱、舞蹈等多種技藝，不論是宮廷、貴族或平民都十分熱愛，《漢書・武帝紀》記載：「元封三年春，作角抵戲，三百里內皆觀。」[16] 在許多出土文物裏都記錄漢代百戲的盛況，其中包括「尋橦」[17]（竹竿雜技），例如一人頭頂長竿，另外一至三人援竿而

13　陳翠兒、蔡宏興、香港建築師學會：《空間之旅：香港建築百年》，香港：三聯書店（香港）有限公司，2005 年，頁 131。

14　班固著、顏師古注：《漢書》，北京：中華書局，1962 年，頁 1045。

15　迪志文化公司：《文淵閣四庫全書電子版・三輔黃圖》，香港：迪志文化公司，2001，頁 244。

16　班固著、顏師古注：《漢書》，頁 194。

17　見張衡《西京賦》：「烏獲扛鼎，都盧尋橦。」

上，[18] 證明漢人在竹竿技藝方面已有很高水平，從多幅百戲圖中可見古人攀竹舞竿的形態，與現今搭棚技藝裏的部份技巧非常相似，可謂是戲棚搭建技藝的原型。

第二節　中國戲台與戲棚的起源

原始社會的祭祀儀式與表演場地

與其他國家、地域或民族的戲劇一樣，中國戲劇或源自原始宗教祭祀儀式發展而來，[19] 從上古時期的巫覡樂神歌舞逐漸演變至戲劇，是一個從酬神到娛人的演變過程，演出場地則從自然地形慢慢發展至舞台建築，最後演變成今日所見的戲棚。中國的原始祭祀儀式一般選擇在山林空地、懸崖峭壁等自然地形舉行，並沒有特定建築場所或舞台，如《竹書紀年・帝啟》記載夏朝君主啟於田野上樂舞，如《九韶》：「十年，帝巡狩，舞九韶于大穆之野。」[20] 直至周朝，人們仍會在地面表演樂舞，見《詩經・陳風》：「坎其擊鼓，宛丘之下。無冬無夏，值其鷺羽。」[21] 所謂宛丘，即是一種類似於盆地的地形，四邊是高聳的斜坡，中間平坦，表演者於宛丘處上演歌舞，觀眾或在四周斜坡上觀看儀

18 謝燕舞、小口、潘詩敏：《棚・觀・集 —— 關於竹棚、戲曲及市集文化的探索》，香港：藝述研究社，2010 年，頁 14。

19 田仲一成：《中國祭祀戲劇研究》，北京：北京大學出版社，2008 年，頁 2。

20 《竹書紀年》，文淵閣四庫全書數據庫，頁 10。

21 何志華編：《先秦兩漢典籍引〈詩經〉資料彙編》，香港：香港中文大學出版社，2015 年，頁 90。

式，其形式類似古希臘劇場的形式。[22] 直至春秋時期，人們已開始在建築內表演祭祀舞蹈，如《論語‧八佾》：「孔子謂季氏，八佾舞於庭，是可忍，孰不可忍。」[23] 八佾舞為中國古代的一種祭祀舞蹈，舞隊由縱橫各八人共六十四人組成，而季氏並沒有在田野或山上上演，[24] 而是選擇在庭院內，可見這時人們已轉而在自然地形以外的地方舉行祭祀儀式。

漢代的百戲及露台

以歌舞祭神的原始目的是為了供奉神靈以祈求庇佑，然而隨着表演的成熟，其功能漸漸從酬神轉變到娛人。自漢代起，祀神娛人兼備[25] 的百戲成為表演藝術的主體，除了祭神歌舞、雜技以外，東漢至魏晉年間已清晰地記錄戲劇的存在，如《西京雜記》記載的角牴戲「東海黃公」：「有東海人黃公，少時為術，能制蛇御虎，佩赤金刀⋯⋯三輔人俗用以為戲，漢帝亦取以為角抵之戲焉。」[26]《魏書四‧齊王紀》又記載：「又於廣望觀上，使懷、信等於觀下作遼東妖婦，嬉褻過度，道路行人掩目，帝於觀上以為讌笑。」[27]

....

22　周華斌、朱聰群：《中國劇場史論（上卷）》，北京：北京廣播學院出版社，2003 年，頁 29。

23　《論語》，北京：北京燕山出版社，1995 年，頁 30。

24　八佾舞乃周禮中最高階級的祭禮，只有天子可用，季氏此實為僭越之舉。

25　劉茜：〈漢畫像石中樂舞百戲的功能與意義〉，《戲曲藝術》，2011 年第 3 期，頁 41。

26　《西京雜記》，文淵閣四庫全書數據庫，頁 13。

27　陳壽撰、裴松之注：《三國志》，北京：中華書局，1997 年，頁 42。

至於演出場地方面，從現存的文獻、漢畫像磚等可見，百戲除了在貴族富人的私人大宅內上演之外，更盛行於沒有遮蔽的露天廣場，如《漢書‧武帝紀》：「元封三年春，作角抵戲，三百里內皆觀。」[28]《西京賦》：「大駕幸乎平樂，張甲乙而襲翠被……臨回望之廣場，呈角抵之妙戲。」[29]「張甲乙」即是為在廣場上觀看角觝百戲而設的帳棚，以甲乙次第名之，故稱「甲乙之帳」，如《漢書‧西域傳》：「於是廣開上林，穿昆明池，營千門萬戶之宮，立神明通天之臺，興造甲乙之帳。」[30] 這是最原始的觀眾席建築，亦即是後來的「看棚」。然而，漢代除了皇帝以外，並未見有百官眾庶於看棚裏觀看演出的記錄，[31] 可推斷當時平民都是以圍觀或隨處坐觀的方法觀看演出，並非如後世一樣有特別安置觀眾的建築。

此外，漢代亦有不少文獻清晰記載當朝皇帝會搭建大型的「台」以供表演之用，這些演出場所大多是露天之台，因而又名「露台」，如《史記‧孝文帝本紀》：「文帝嘗欲作露台，召匠計之，值百金。上日：百金，中人十家之產也。」[32]《洞冥記》：「建元二年，帝起騰光臺，以望四遠。於臺上撞碧玉之鐘，掛懸黎之磬，吹霜條之篪，唱來雲依日之曲。」[33] 又或《東漢書》：「於平樂觀下

28　班固著、顏師古注：《漢書》，頁 194。

29　張震澤：《張衡詩文集校注》，上海：上海古籍出版社，1986 年，頁 77。

30　班固著、顏師古注：《漢書》，頁 3928。

31　廖奔：《中國古代劇場史》，鄭州：中州古籍出版社，1997 年，頁 32。

32　《史記》，文淵閣四庫全書數據庫，頁 256。

33　《洞冥記》，文淵閣四庫全書數據庫，頁 4。

起大壇，上建十二重五彩華蓋，高十丈。壇東北為小壇，復建九重華蓋，高九丈，列奇兵騎士數萬人。」[34] 從「值百金」、「以望四遠」及「上建十二重五彩華蓋，高十丈」可見，漢代的露台十分豪華，應多為皇族或貴族所建，而非一般百姓所能負擔得起的奢華建築。露台是中國戲台發展史的里程碑，也是中國最早於「台」上演「戲」的記錄。後來，佛教東傳至中國，許多大型寺廟內均會搭建露台以供僧人與平民表演之用，露台便由獨立存在的建築逐漸演變成為戲台的一部份。

六朝隋唐的寺廟文化與戲台

佛寺與表演文化

自佛教於西漢時期傳入中國後發展迅速，各地不斷興建佛寺，寺廟成為不少人的精神及文化寄託場所。起初佛寺僧人想把佛經故事演化為通俗易懂的變文，因此開始形成所謂「俗講」[35] 的表演，[36] 並逐漸融入了本地的百戲內容，至後來更有完整的劇情發展、角色扮演及樂器伴奏等元素，基本已具備了後世戲劇的雛形，佛寺便成為人們觀看演出的主要游藝場地。北魏時的《洛陽伽藍記》記載了佛寺表演的盛況，如「景明寺，宣武皇帝所立也……京師諸像皆來此寺……於時金花映日，寶蓋浮雲，幡幢

34　范曄：《後漢書》，國學整理社，1935 年，頁 419。

35　俗講於唐代開始流行，當時僧人為了向大眾宣傳佛教思想，就採用了生動活潑的說唱藝術方式講解佛經內容，《資治通鑒·唐敬宗寶曆二年六月》甚至記載了唐敬宗曾駕臨興福寺觀看俗講表演。

36　廖奔：《中國古代劇場史》，頁 34。

若林，香煙似霧，梵樂法音，聒動天地」[37] 及「景樂寺，太傅清河
文獻王懌所立也……至於大齋，常設女樂，歌聲繞梁，舞袖徐
轉，絲管寥亮，諧妙入神……召諸音樂，逞伎寺內。奇禽怪獸，
舞抃殿庭。飛空幻惑，世所未覩。異端奇術，總萃其中」[38]。這種
寺廟文化在隋唐發展至頂盛，直至唐代時的表演場地大多已集中
於寺院，有的甚至會建造「戲寺」供演戲使用。

看棚與樂棚

歌舞劇至隋代漸趨成熟，劇場建築已有相當的規模，當時稱看戲
的地方為「戲場」，表演時每每聚集大量人群，因而出現安置觀
眾的新設施：「看棚」（觀眾席）。與漢代不同，隋唐所記錄的表
演場地不再是皇帝或貴族特權，在重要場合或大型表演亦會為
百官及平民所用，證明戲場建築已逐漸趨向平民化，如《隋書‧
音樂志》：「每歲正月，萬國來朝，留至十五日，於端門外，建
國門內，綿亙八里，列為戲場。百官起棚夾路，從昏達旦，以
縱觀之。」[39]《隋書‧裴矩》：「勒百官及民士女列坐棚閣而縱觀
焉。」[40] 或唐代《摭言‧卷三》：「咸通十三年三月，新進士集於
月燈閣為蹙鞠之會。擊拂既罷，痛飲於佛閣之士，四面看棚櫛
比，悉皆褰去帷箔而縱觀焉。」[41] 除繼承露台、看棚以外，唐代
亦有所謂的「樂棚」，如唐詩《哭女樊四十韻》：「騰蹋遊江舫，

37　《洛陽伽藍記》，文淵閣四庫全書數據庫，頁 27-28。

38　同上，頁 12-13。

39　《隋書》，文淵閣四庫全書數據庫，頁 258。

40　同上，頁 972。

41　王定：《唐摭言》，上海：古典文学出版社，1957 年，頁 41。

攀緣看樂棚。」雖然沒有詳細記錄其實際面貌，但估計在唐代中後期時已發展出一種為舞台蓋頂以遮避風雨的臨時設施，[42] 稱為「樂棚」，其形式應如宋代《東京夢華錄》所記載的一樣：「作樂迎引至廟，於殿前露臺上設樂棚，教坊鈞容直作樂，更互雜劇舞旋。」[43]

宋元戲台 —— 瓦舍勾欄與廟宇舞亭

瓦舍勾欄

瓦舍，又名瓦子、瓦市，意為「謂其來時瓦合，去時瓦解之義，易聚易散也」[44]，是宋元時期城市裏的綜合性商業活動場所；勾欄，是瓦舍裏設置的演出地方，人們因為戲台圍有欄杆而稱為勾欄，進而又借稱演出棚的名稱，[45] 即所謂「勾欄棚」。瓦舍勾欄最早興起於北宋仁宗至神宗時期（1010-1085），[46] 供藝人演出雜劇、傀儡戲、影戲、雜技等，全年不歇，如《東京夢華錄》所述：「不以風雨寒暑，諸棚看人，日日如是。」[47] 大多數瓦舍擁有多個勾欄，而每一個瓦舍中的勾欄數量、大小不等，有的更可容納千人以上，《東京夢華錄》亦提及：「街南桑家瓦子，近北則中瓦，次里瓦。其中大小勾欄五十餘座，內中瓦子蓮花棚、牡丹棚，里瓦子

42　周華斌、朱聰群：《中國劇場史論（上卷）》，頁 30。

43　孟元老：《東京夢華錄》，北京：商務印書館，1936 年，頁 155。

44　吳自牧：《夢粱錄・卷十九》，杭州：浙江人民出版社，1980 年，頁 179。

45　周華斌、朱聰群：《中國劇場史論（下卷）》，北京：北京廣播學院出版社，2003 年，頁 202。

46　廖奔：《中國古代劇場史》，頁 42。

47　孟元老：《東京夢華錄》，頁 93。

夜叉棚，象棚最大，可容數千人。」[48] 與廟宇戲場不同，瓦舍勾欄完全是為了商業性目的而建，因此對於藝人的表演技藝[49] 及場地的要求都高了不少；然而，由於戰亂等因素，勾欄劇場已無一倖存，現只能通過文獻的零星文字記載窺探其面貌。

在構造方面，勾欄吸收了過往露台、看棚與樂棚的建築技術，加上商業化元素，只設一入口方便收費及管理人群，最終成為一種全封閉的棚木建築。演出設施方面有戲台和戲房，戲台是三面敞開的，唐代以前的表演多是百戲、歌舞，並不需要固定朝向一面演出，而宋元的雜劇興盛，取代了百戲歌舞成為表演的主流，因此便有着明確的方向性，並在舞台添置後牆，只留下三面觀看的設計，這種改革奠定以後中國戲台的基本樣式。至於觀眾席由神樓（正面）和腰棚（兩側）組成，採取了階梯式的設計，[50] 防止前排的觀眾遮擋後排觀眾的視線。建築頂部則用了粗木和其他材料搭成。然而，以木作為大型建築物的頂部負重極大，對建築技術要求極高，只要有少許錯誤就可能會發生嚴重意外，元朝《南村輟耕錄・卷二十四》就曾經記載過一件倒塌、壓死觀眾的意外：「是日入未幾，棚屋拉然有聲。眾驚散。既而無恙，復集焉。不移時，棚阽壓。顧走入抱其女，不謂女已出矣，遂斃於顛木之下，死者凡四十二人，內有一僧人二道士。獨歌兒天生秀全家不

48 同上，頁 42-43。

49 技藝水平不足的藝人無法進入勾欄演出，只能遊走於人多的鬧市討生活，俗稱「打野呵」或「路歧人」，如《武林舊事・瓦子勾欄》：「或有路歧不入勾欄者，只在耍鬧寬闊之處做場者，謂之『打野呵』，此又藝之次者。」見《武林舊事》，文淵閣四庫全書數據庫，頁 73。

50 廖奔：《中國古代劇場史》，頁 50。

損一人。其死者皆碎首折肋，斷筋潰髓。亦有被壓而幸免者，見衣朱紫人指示其出。不得出者，亦曲為遮護云。」[51]

直至明初，勾欄仍然盛行，當時的雜劇作者朱有燉（周憲王）曾於《誠齋雜劇》裏多次提及勾欄，如《新編宣平巷劉金兒復落娼》的劉金兒自稱「我在宣平巷勾欄中第一箇付淨色」。[52] 然而，勾欄至明代中期以後已沒有任何紀錄，至於其沒落的原因不明，可能是勾欄的建造方法過於困難及成本過高，因而未能普及；又或以祭神為重的南戲逐漸取代商業劇場為主的北曲，使人們減少到勾欄觀看表演。[53] 但無論如何，始於宋仁宗（1034-1085），終於明代中期（約 1500）的勾欄，的確為中國戲場與戲曲帶來了革命性的變化，輝煌了約四百年的時間。

廟宇舞亭

由於勾欄劇場屬於大城市的商業表演，各地小城市及鄉村並沒有能力興建相關設施，因此便選擇繼承隋唐的傳統，以廟宇作為大眾主要的娛樂場所，表演場地則由露台發展成「舞亭」。由於以往廟宇裏的露台不能遮蔽風雨，嚴重受到天氣因素限制，於是人們就興建臨時性的頂蓋「樂棚」。[54] 唐代以後，戲台基本已成

51　陶宗儀：《南村輟耕錄》，上海：上海古籍出版社，2012 年，頁 262-263。

52　朱有燉：《新編宣平巷劉金兒復落娼一卷》，東京大學東洋文化研究所漢籍善本全文影像資料庫，http://shanben.ioc.u-tokyo.ac.jp/main_p.php?nu=D8355200&order=rn_no&no=01771&im=0150025&pg=6 ，擷取日期：2024 年 6 月 15 日。

53　廖奔：《中國古代劇場史》，頁 43。

54　《東京夢華錄・第八卷》：「作樂迎引至廟，於殿前露臺上設樂棚，教坊鈞容直作樂，更互雜劇舞旋。」

為廟宇建築的一部份，並沒有需要經常進行搭拆，於是便順理成章地演變成以磚石砌成的永固性舞亭建築，這種建築最早見於北宋，[55] 至元代成熟，如現存的牛王廟戲台。宋元的舞亭，多在廟宇中間的位置，與正殿保持相當距離，觀眾在兩者之間觀看演出，這一傳統一直延續至明清，建於清順治十五年（1658）的佛山萬福台便是採用這種建築形式。

明清戲台的改革與臨時戲台

臨時戲台的崛起

雖然勾欄劇場在明代中期已開始沒落，但其後的戲台卻開始了多元化的發展，在建築結構上以建立固定格扇式木牆以區分前後台；部份則演變為三面環牆，只留一面觀看的形式，如清代的嘉峪關戲台，各地則按照不同地理環境及實際需求來搭建與之相適應的戲台形式，包括廟宇戲台、會館戲台、水上戲台等。另一方面，除了永久戲台以外，民間於喜慶節日搭建臨時戲台演戲的傳統，自宋代已有記錄，如〈上傅寺丞論淫戲書〉云：「豢優人作戲，或弄傀儡，築棚於居民叢萃之地，四通八達之郊，以廣會觀者，至市廛近地四門之外。」[56] 直至明清時已相當普及。即使在各地廟宇內已建築了大量的戲台，在城市裏也有着會館劇場及茶園劇場等，但由於各種戲劇十分盛行，演出場地仍不敷使用，因此臨時戲台的需求大增，其好處是可以根據地形而建，每年只需

55　廖奔：《中國古代劇場史》，頁 13。

56　《北溪大全集》，文淵閣四庫全書數據庫，頁 374 - 375。

元代的牛王廟戲台
（圖片來源：三猎，CC BY-SA 4.0, via Wikimedia Commons，公開使用圖像）

清朝佛山萬福台
（圖片來源：釘釘，CC BY-SA 4.0，via Wikimedia Commons，公開使用圖像）

在特定日子搭設，表演過後可以即時拆除，大大節省了永久性戲台所需的營運成本如精緻裝飾及長期維修等。

直至明末清初，對於臨時戲台有多不勝數的記錄，如明代的《陶庵夢憶・目蓮戲》：「余蘊叔演武場搭一大台，選徽州旌陽戲子剽輕精悍、能相撲跌打者三四十人，搬演目蓮，凡三日三夜。四圍女台百什座，戲子獻技台上。」[57]《太倉州志・流習》：「游民四五月間，二麥登場時，醵人金錢，即通衢設高台，集優人演劇，曰扮台劇。」[58] 或清代的《培遠堂偶存稿文檄》：「於廣闊之地，搭台演唱，日唱不足，繼以徹夜。」[59] 然而，由於民眾對戲劇過份着迷，嚴重影響社會運作，因此飽受文人及朝廷所批評，最後更引來了皇帝的禁令，嚴禁夜以繼日的演出。[60]

有關明清臨時戲台的形式，我們可從兩幅畫作中窺探其面貌，分別為《康熙南巡圖》及《清院本清明上河圖》。畫作中的臨時戲台形式接近，其形式如下：一、建築材料主要是竹、木、布、蓆，是中國南方建築常用的物料；二、採取干欄式的建築方法，將戲台置高以方便觀眾觀看；三、觀眾在空地從下向上觀看表演，並沒有額外搭建觀眾席；四、區分了前後台。當然，並非所

57　張岱：《陶庵夢憶》，杭州：西湖書社，1982 年，頁 74。

58　張采：《太倉州志（第 15 卷）》，北京：北京愛如生中國方志庫。

59　陳宏謀：《培遠堂偶存稿文檄：四十八卷 v.10》，香港中文大學圖書館數碼館藏，https://repository.lib.cuhk.edu.hk/en/item/cuhk-2499226#page/70/mode/2up，擷取日期：2024 年 6 月 15 日。

60　如雍正十三年《大清會典事例》卷八二九《刑部》：「城市鄉村，如有當街搭台懸燈唱演夜戲者，將為首之人，照違制律杖一百，枷號一個月。」

《康熙南巡圖》：清代大畫家王翬等所繪的《康熙南巡圖》，其中第九卷描繪了紹興府搭在大橋旁一個以木條搭建的臨時戲台，整個台都搭建在高腳座基上。
（圖片來源：Wang Hui，via Wikimedia Commons，公開使用圖像）

《清院本清明上河圖》：畫中的戲台用竹木搭成，以茅草或蓆蓋頂，區分了前後台，以竹木搭建地基以架空於地面，觀眾從下向上觀看表演。
（圖片來源：© 國立故宮博物院）

有明清的臨時戲台都採取了這種形式，北方臨時性戲台多為「土台」；南方則主要是用杉木及竹竿搭建「草台」，[61] 每逢諸神誕辰，各地照例要在廟宇作酬神演出活動，如當地沒有廟宇，則於野外空曠處搭設草台演唱，負責演出的團體名為「草台班」。至於嶺南地區就以獨特的竹棚技術及自然環境把草台改良成為一種與眾不同的臨時戲台 —— 戲棚。

第三節　戲棚在嶺南地區的發展

神功戲文化與竹棚業

所謂神功戲即是為神而做的功德戲，但凡神誕、太平清醮、盂蘭節（或中元節）、廟宇開光儀式及中國傳統節日粵人均會以戲酬神，[62] 祈求或答謝神靈保佑，這種充滿娛樂元素的演出同具祭神與娛人的功用，神功戲賀誕活動更是鄉鎮間的盛事，甚至會全民參與其中。[63] 中國南方自古即以「信鬼而好祠」而聞名，[64] 在秦漢以前，嶺南地區為百越族的聚居地，《漢書》載：「自交趾（今越南）至會稽（今江蘇一帶）七八千里，百越雜處，各有種姓。」[65] 就

61　周華斌、朱聰群：《中國劇場史論（上卷）》，2003 年，頁 52。

62　陳守仁：《儀式、信仰、演劇：神功粵劇在香港》，香港：香港中文大學粵劇研究計劃，1996 年，頁 2。

63　如佛山《慶真堂重修記》：「是日也，會中執事者動以千計」，香港中文大學道教數位博物館：https://daoddm2.crs.cuhk.edu.hk/home.php?f=book&doc_id=6598，擷取日期：2024 年 6 月 15 日。

64　《九歌序》：「昔楚國南郢之邑，沅、湘之間，其俗信鬼而好祠，其祠必作歌樂鼓賽以樂諸神」

65　班固著、顏師古注：《漢書》，頁 1669。

連漢武帝亦非常尊重當地的巫術。[66] 直至六朝隋唐,南方仍非常流行各種宗教及祭神活動,如《隋書》說:「江南之俗……信鬼神,好淫祀。」[67] 待元明戲劇成熟以後便逐漸以戲曲作為祭神表演內容。[68] 至明清時嶺南的祭神表演文化進入巔峰期,單在佛山已有超過一百座廟宇,[69] 每逢北帝神誕便有所謂「供具酒食,笙歌喧闐」的盛況。[70]

至於演出場地方面,雖然自明代起,中國各地所建的廟宇大多已把戲台直接納入廟宇整體結構內,在演出時觀眾會在廟宇與戲台中間的露天劇場看戲;然而嶺南地區並沒有完全跟隨這種變化,[71] 反倒繼承唐宋「樂棚」的傳統,習慣在廟前空地搭建臨時戲棚,專供神誕演出戲劇之用,而南方盛產竹杉的環境及人民純熟的竹棚技藝,正好為臨時戲台提供了非常貼合實際需要的硬件和技

---

66 《史記》:「是時,既滅兩越,越人勇之乃言越人俗鬼,而其祠皆見鬼,數有效……乃令越巫立越祝祠,安台無壇,亦祠天神上帝百鬼,而以雞卜。上信之,越祠雞卜始用。」

67 《隋書》,文淵閣四庫全書數據庫,頁 574。

68 李婉霞:〈明清時佛山社會文化與神功戲探析〉,《佛山科學技術學院學報(社會科學版)》,2016 年第 1 期,頁 11。

69 李婉霞:〈清代粵港澳神功戲演出及其場所〉,《戲曲品味》,第 159 期,頁 78。

70 佛山《慶真堂重修記》:「皆散銷金旗花,供具酒食,笙歌喧闐,車馬雜遝,看者駢肩累跡,裏巷奎塞,無有爭競者」,香港中文大學道教數位博物館:https://daoddm2.crs.cuhk.edu.hk/home.php?f=book&doc_id=6598,擷取日期:2024 年 6 月 15 日。

71 以佛山為例,在清初時擁有超過百間寺廟,當中只有三十多間建有固定戲台,其餘均以臨時戲台的方式祭神,見李婉霞:〈清代粵港澳神功戲演出及其場所〉,《戲曲品味》,第 159 期,頁 78。

術。[72] 嶺南地區的搭棚業歷史悠久，源自南方古代以竹棚建屋的技術，至明清時期已極為興旺，當地許多建築都是利用竹棚技術建成，例如民居、兵房、牌樓等，而濃厚的崇鬼敬巫傳統、信仰令臨時戲台的需求大增，於是當地人便以同一技術搭建戲棚，並進一步推動了棚業的繁盛。嶺南早期的搭棚行業可見於順德、佛山、吳川等地，估計至今最少已有四五百年的歷史，當中順德是搭棚組織的起源地，[73] 而佛山南海羅行竹器行源於元末明初，全盛時期約有一萬人以竹器製作維生，旗下的「笪」類（用竹篾編織成的粗蓆）就是應用於搭棚的。[74] 另外，吳川在清初已有竹木貿易聚集，當中梅菉的搭棚工藝更是遠近馳名。[75] 直至清末民初，單是廣州的搭棚業已有棚舖八十多家，工人過千名，籍貫多為肇慶、高要、增城、番禺。[76]

清末戲棚形式

嶺南戲棚歷史悠久，自清代起已有大量畫作、照片記錄其實際面貌，從這些史料中可見清末的戲棚大致可分為兩類，敞開式與封閉式。[77]

72　當中杉以羅定，竹以廣寧、懷集的品質為佳。見梁源口述；陳國康、霍家榮執筆：〈廣州搭棚業〉，《廣州文史資料》，第 31 輯，頁 227。

73　鄧端本：《嶺南掌故》，廣州：廣東旅遊出版社，1997 年，頁 586。

74　程宜：〈廣府搭棚藝術〉，《文化遺產》，2013 年第 4 期，頁 148。

75　謝燕舞、小口、潘詩敏：《棚・觀・集 —— 關於竹棚、戲曲及市集文化的探索》，香港：藝述研究社，2010 年，頁 72。

76　鄧端本：《嶺南掌故》，頁 588。

77　陳雅新：〈西方史料中的 19 世紀嶺南竹棚劇場 —— 以圖像為中心的考察〉，《戲曲研究》，2019 年第 4 期，頁 160。

廣州戲棚一景（香港藝術館藏品）

敞開式戲棚繼承了明清時期臨時戲台的傳統，就如《清院本清明上河圖》等畫一樣，棚工多數只會搭建戲台，然後利用戲台前的空地作為觀看區。誠如法國人博爾熱（Auguste Borget）在其日記（約 1838-1839 年）中記述在粵地看戲的經驗：「中國人那樣喜歡看戲，那些未能在露天場地的凳子上找到位置的人，就爬到支撐着屋頂的竹竿上。」[78] 在少數情況下，主辦方會在戲台兩側獨立搭建子台，從《廣州戲棚一景》（十九世紀）一畫可引證這一說法：該戲棚以竹木搭建，以草蓆蓋頂，觀眾區主要在正前方及兩側的子台，雖然戲台與子台各自都加了蓋頂，但兩者並非同一建築結構。然而，畫中顯示戲台上蓋一直延伸至正前方的觀眾區，這一點又與《清院本清明上河圖》等畫作裏的傳統戲台不一，反而較接近現今所見的封閉式戲棚。簡而言之，敞開式戲棚可視乎實際需求、條件選擇搭建觀眾席與否，形式可繁可簡，搭建速度快，技術要求及成本都較低。

除了傳統的敞開式戲棚以外，嶺南地區又發展了獨特的封閉式戲棚，將舞台與觀眾席等部份全部籠罩在棚內，此類戲棚通常體積

78　奧古斯特・博爾熱：《奧古斯特・博爾熱的廣州散記》，上海：上海書店出版社，2006 年，頁 80。

澳門媽閣廟外的戲棚，約 1860 年代（香港藝術館藏品）

較大，結構複雜，需要高超搭棚技術，搭建亦十分耗時。至於廣
東一帶為何不繼承傳統敞開式戲棚而轉為使用非常複雜的封閉式
戲棚，估計是因為粵地炎熱、多雨，因此有需要搭建一種封閉式
建築，為表演者及觀眾遮擋猛烈的陽光或雨水。[79]

德國畫家愛德華・希爾德布蘭特（Eduard Hildebrandt）曾繪畫兩
幅有關澳門戲棚的畫作，分別為《媽閣廟外的戲棚》及《澳門戲
棚內部》。在《媽閣廟外的戲棚》一畫中可見，戲棚本身是以竹
木草蓆搭建而成的大型建築物，頂部呈三角形，坐落於海邊，並
搭建了海上通道及碼頭，旁邊停泊了戲班巡演與居住的戲船。至
於《澳門戲棚內部》，則描繪同一戲棚的內部結構，從畫中清晰
可見正面的觀眾席、戲台等設施，並在左右兩旁各架起了觀眾
席，類似「包廂」的概念。[80] 有趣的是，此戲棚的觀眾席同樣是不
敷使用，於是人們冒着生命危險爬上高聳的棚架上看戲，而《澳

79　陳雅新：〈西方史料中的 19 世紀嶺南竹棚劇場 —— 以圖像為中心的考察〉，
　　《戲曲研究》，2019 年第 4 期，頁 169。

80　楊迪：〈戲棚、劇院、私夥局 —— 19 世紀末至 20 世紀初澳門粵劇活動的場
　　所變化〉，《戲曲研究》，2017 年第 2 期，頁 68。

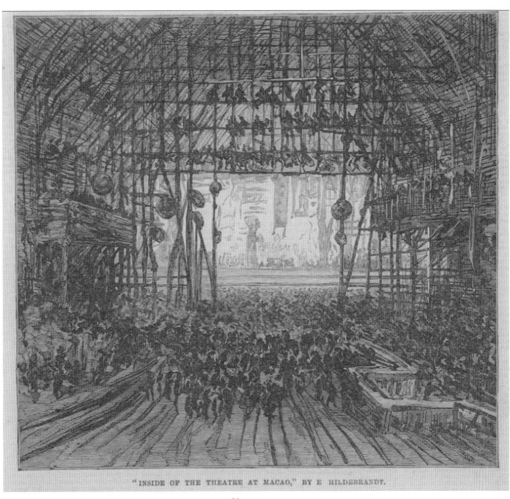

"INSIDE OF THE THEATRE AT MACAO," BY E HILDEBRANDT.

澳門戲棚內部（香港浸會大學圖書館藝術館藏品）[81]

門戲棚內部》一畫可謂是生動地刻畫出此現象。

第四節　香港的神功戲與戲棚

香港位於中國大陸的邊陲，本來是嶺南越族先民的聚居之地，[82]自秦朝起歸入南海郡番禺縣管轄範圍內，後在明清時期劃歸新安縣管轄。由於中原政權動盪，自宋代以來一直不乏中原人士南遷至香港一帶避難，帶來了不少文化傳統，逐漸形成知識體系，令香港擁有多元化族群。另一方面，香港亦繼承嶺南地區「越人尚鬼」

81　香港浸會大學圖書館藝術館藏，2024 年 6 月 15 日瀏覽，https://bcc.lib.hkbu.edu.hk/artcollection/derwent-dc1-38。

82　劉智鵬、劉蜀永編著：《香港史：從遠古到九七》，香港：香港城市大學出版社，2020 年，頁 12。

的傳統，[83] 在清代《新安縣志》已提及香港地區存在大量四時（春、夏、秋、冬四季）祭祀的習俗，如「二月社日，鄉人烹豚釃酒祭社神，以祈有年」[84]、「（七月）十四日，為盂蘭節，化衣以祀其先者」[85] 等。至於香港地區最早上演神功戲的紀錄是在 1786 年（清乾隆五十一年），[86] 元朗舊墟大王古廟[87] 及元朗十八鄉大樹下天后廟碑誌[88] 記述當時十八鄉雜姓村佃戶與錦田地主產生了有關田租的糾紛，其後雙方涉及打鬥傷亡並希望官府處理，最終廣州巡撫判決佃戶勝訴，於是鄉民便「開演梨園」，[89] 以酬神恩；[90] 1852 年（清咸豐二年）大澳《重修武帝古廟碑誌》更提及酬慶儀式支出有「開光，奠土，演戲，花炮各雜項」。[91] 這些都是清代香港地區有神功戲演出的證據，說明香港華人鄉村社群保留了中國地方戲曲打醮節慶表演傳統，而負責搭建演戲場地的戲棚業於是便隨着神功戲的興旺而傳入香港。

- -

83　如上文所述，中國南方自古已非常好巫尚鬼，直至清代屈大均的《廣東新語》亦稱：「越人故俗尚鬼，越人勇之謂漢武帝云。越人尚鬼，而其祠皆見鬼，數有效。」證明當時廣東一帶仍非常重視鬼神，屬於嶺南地區的香港亦繼承了這種傳統。

84　劉智鵬、劉蜀永編：《方志中的古代香港：〈新安縣志〉香港史料選》，香港：三聯書店（香港）有限公司，2020 年，頁 80。

85　同上。

86　田仲一成：《中國祭祀演劇研究》，東京：東京大學東洋文化研究所，1981 年，頁 672。

87　科大衛、陸鴻基、吳倫霓霞合編：《香港碑銘彙編 · 第一冊》，香港：香港市政局，1986 年，頁 47 - 49。

88　同上，頁 535。

89　由於元朗十八鄉大樹下天后古廟裏並沒有永久戲台，估計當時人們是在廟前空地搭建臨時戲台上演神功戲，但已無法得知其採用了敞開式或是封閉式的戲棚。

90　張瑞威：〈老香港的節日及風俗〉，《鑪峰古今 —— 香港歷史文化論集 2013》，2014 年，頁 28-31。

91　科大衛、陸鴻基、吳倫霓霞合編：《香港碑銘彙編 · 第一冊》，頁 103-107。

另一方面，自清末民初以來，大量人口遷移到香港，這批移民多數來自華南地區，操不同的方言，擁有不同的風俗傳統，他們也將其地方風俗習慣帶來，在香港延續他們祖先的傳統。[92] 香港在1842 年因清廷簽訂不平等條約《南京條約》被英國管治，早期港英政府採取「華洋分治」的政策，沒有過多干預華人原本的生活方式，對於中國文化亦持開放態度，並無排斥或禁止人民籌辦傳統風俗活動。[93] 祭神演戲的習俗亦一直在香港流行，與神功戲息息相關的戲棚搭建技藝亦因而得以傳承至今。

小結

中國戲劇與歌舞表演是由原始社會的宗教儀式演變而成，在經歷多年發展後，其主要功能已從酬神轉變到娛人，對表演場地要求亦愈來愈高。漢代人將竹棚技術與百戲相結合，並創造出棚閣、露台與「甲乙之帳」（觀眾席）等建築，是為戲棚的雛形。直至宋代，中國表演建築已發展成熟，大城市裏的瓦舍勾欄動輒可容納數千人，其建築形式與現今所見的戲棚已相差不遠。明末清初，南方祭神表演達到巔峰，各地的表演場地不敷使用，因此便出現隨建隨拆的戲棚以供不同需要。至於香港地區因為繼承中國南方於打醮節慶上演戲曲的傳統，於是負責搭建演戲場地的戲棚業便隨着神功戲的興旺而落地生根。

92　廖迪生：〈傳統、認同與資源：香港非物質文化遺產的創造〉，《香港嘅廣東文化》，香港：商務印書館（香港）有限公司，2014，頁 210、211。

93　黃競聰：《簡明香港華人風俗史》，香港：三聯書店（香港）有限公司，2020年，頁 9。

第二章

戲棚搭建技藝在香港的流傳

第一節　戲棚搭建技藝在香港的發展歷程

華洋分治下的傳統風俗發展：英治早期至二十世紀初（1842 – 1937）

自粵劇形成以後，其獨特的表演風格與在地化的語言迅速成為廣府地區的主要娛樂之一，負責提供表演場地的戲棚業亦因而傳入香港。1845 年 9 月，《香港紀錄報》（Hong Kong Register）報道一則警察搜查非法賭博場所的新聞，[1] 這個賭窟處於用竹搭建的歌樓（sing-song mat-house）旁邊，雖然無法得知其是否現今所見的戲棚，但這則報道反映了當時香港華人已有在竹構建築裏表演唱曲的習慣。[2] 1850 年，受到太平天國起義的戰事影響，不少廣東居民紛紛湧至香港逃難，人口激增。[3] 期間，港府為了避免受到戰事的牽連，因而打壓到港逃亡和宣傳的太平軍和天地會份子，如在 1854 年頒布《遞解出境條例》（Expulsion of Undesirables Ordinance），驅逐過百名幫會人物出境，當中許多也是伶人，[4] 可見當時反清份子已開始藉粵劇表演到港宣傳革命。事實上，當時粵劇一直是香港華人的重要娛樂，除了傳統的臨時竹戲棚以外，

1　William H. Allen: *Allen's Indian Mail and Register of Intelligence for British & Foreign India, China, & All Parts of the East* vol.2. London: L. Wild, 1857,p. 720.

2　康樂及文化事務署：《香港博物館期刊第 1 期》，香港：康樂及文化事務署，2017 年，頁 67。

3　蕭國健：《簡明香港近代史》，香港：三聯書店（香港）有限公司，2021 年，頁 84-85。

4　梁沛錦，〈香港粵劇藝術的成長〉，載王賡武：《香港史新編》，香港：三聯書店（香港）有限公司，1997 年，頁 651。

上環一帶亦有數所專為華人而設的戲園，如昇平戲園、同慶戲園
及高陞戲園等。[5]

1857 年 7 月 11 日，《倫敦新聞畫報》（The Illustrated London News）
報道華人於臨時戲棚上演粵劇的情況：[6] 當時香港島其中一條村落
搭棚演戲，籌辦組織在短時間內以竹和「貝葉棕」（Talipot palm-
leaves，或稱扇形棕櫚葉）搭成大型戲棚上演粵劇，台上的表演者
背後插滿旗幟，所有觀眾都非常專注地欣賞表演。後來，《倫敦
新聞畫報》於同年 8 月 15 日的報道裏加插兩幅有關香港搭棚的
畫作：[7] 第一幅畫描繪 1857 年 7 月 11 日所記載的粵劇表演，從畫
中可見除了舞台正面的觀眾席以外，舞台側面、後方以及棚架上
都可見密密麻麻的觀眾，與當時廣州、澳門等地的居民因為逃票
而爬上棚架看戲的情況相近，但該畫只描繪舞台的正面，沒有整
體及內部構造，因此未能窺探全貌。至於第二幅畫則記錄一個
「廚房棚」，文中描述該棚架的結構「沒有使用一口釘子」，只使
用藤條綁紮技術，圖中可見其內部結構與現今的戲棚差異不大。

《倫敦新聞畫報》1857 年 8 月 15 日的報道的兩幅插畫：

. . . .

5   康樂及文化事務署：《香港博物館期刊第 1 期》，頁 67。

6   "EN ROUTE FOR CHINA", The Illustration London News, 11 Jul 1857.

7   "SKETCHES FROM HONG-KONG", The Illustration London News, 15 Aug 1857.

SING-SONG PIDJON " AT HONG-KONG.

粵劇表演（HathiTrust Digital Library 藏品）

INTERIOR OF A MAT SHED IN HONG-KONG.

廚房棚（HathiTrust Digital Library 藏品）

香港非物質文化遺產系列：戲棚搭建技藝

搭建中的粵劇戲棚，1908 年（Ferenc Hopp Museum 藏品）

1898 年，中英雙方簽署《展拓香港界址專條》，英政府正式租借新界，但由於港督卜力（Henry Arthur Blake）曾提及不干預新界傳統風俗習慣，因此新界地區可保持原來的風俗傳統。[8] 事實上，自開埠以來，內地南遷者眾，使香港族群漸趨多元化，不少族群信仰及特色風俗傳統亦因而落地生根，令香港這個彈丸之地供奉多達二百多個神祇，[9] 地方社會亦延續了於節、慶、誕、醮搭建臨時戲棚上演神功戲的傳統，以酬謝神明的庇祐。拍攝於 1900 年後的照片記錄早期香港戲棚的面貌：第一張顯示 1908 年搭建中的神功戲戲棚；第二張記錄 1910 年左右的九龍戲棚，相中戲棚約有數十米高，以干欄式建築方式搭建了離地數米高的地台，採用「大金鐘」形式，以茅草蓋頂，入口則搭有牌樓（現今多用大型花牌取代）。

此外，香港亦繼承廣府地區每逢農曆七月盂蘭節「化衣以祀其先者」的傳統，[10] 早在 1850 年代已有「四環盂蘭公所」，負責籌辦太

8　許舒：《新界百年史》，香港：中華書局（香港）有限公司，2016 年，頁 62。

9　周樹佳：《香港諸神：起源、廟宇與崇拜》，香港：中華書局（香港）有限公司，2021 年，頁 i。

10　《新安縣志》：「十四日，為盂蘭節，化衣以祀其先者。」

九龍戲棚，約 1910 至 1913 年（SOAS 藏品）

平山、西營盤、中環與上環一帶的盂蘭勝會。從約 1868 至 1870
年拍攝的照片中可見，當時四環盂蘭勝會使用竹木搭建的大型臨
時醮棚以祀神演戲，估計棚身最少有 20 米高，形式類近「大金
鐘」戲棚，配上華麗的吊燈、香爐、神像、雕塑等，非常壯觀。
可惜，這個香港最早有記錄的盂蘭勝會組織在 1900 年左右突然
消聲匿跡。[11] 1898 年，潮州公和堂發起現存香港歷史最悠久的盂
蘭勝會 ——「潮州公和堂盂蘭勝會」，其起源與「渣甸倉」鬧鬼
與苦力勞工的工業意外有關，[12] 其後各潮籍族群社區紛紛仿效，規

11　周樹佳：《鬼月鈎沉：中元、盂、蘭餓鬼節》，香港：中華書局（香港）有限
　　公司，2015 年，頁 40；林國輝：〈從歷史資料重構 1868 年香港四環盂蘭勝
　　會〉，《田野與文獻》，香港：香港科技大學華南研究中心，2019 年 7 月 15
　　日，頁 13-24。

12　陳蒨：《潮籍盂蘭勝會：非物質文化遺產、集體回憶與身份認同》，香港：中
　　華書局（香港）有限公司，2015 年，頁 184。

四環盂蘭勝會，約 1868 至 1870 年
（圖像來自 The Bath Royal Literary and Scientific Institution Collection）

模有大有小，自此潮籍盂蘭勝會便在港落地生根，[13] 神功戲則幾乎
是大型盂蘭勝會必備的節目，因而加速戲棚業在香港的發展。

早期香港的棚工 [14] 絕大多數祖籍肇慶高要，其餘則有寶安、三鄉
等；[15] 其時的搭棚工非常依賴地緣或血緣關係入行，基本上只能
加入工會方能取得就業機會。香港棚業歷史上最重要的工會之
一「港九搭棚同敬工會」（原稱「同敬堂」）則在 1911 年之前成
立。[16] 同敬堂是十九世紀中期廣州「正義堂」的分支，[17] 該會在

第二章　戲棚搭建技藝在香港的流傳

13　潮人盂蘭勝會現同被列為「香港非物質文化遺產代表作名錄」。
14　泛指所有從事搭棚行業的工人，早期並未細分成戲棚棚工、建築棚工等。
15　何佩然：《班門子弟：香港三行工人與工會》，香港：三聯書店（香港）有限
　　公司，2018 年，頁 152。
16　同上，頁 153。
17　梁源口述；陳國康、霍家榮執筆：〈廣州搭棚業〉，《廣州文史資料》，第 31
　　輯，頁 223。

1921 年改組為「搭棚同敬工會」，發展至 1931 年，工會已有九百多個會員；[18] 由於當時同敬堂曾要求棚廠東主「不可僱用非同敬工會的棚工」，並且獲得華民政務司署同意，因此估計會員人數已接近是香港棚工的總數。[19] 早期棚工待遇並不算好，雖然棚廠東主會包食宿，但所發工資十分微薄；在 1922 年，平均每天「不過五、六銅錢」，並不足夠支付日常生活所需。[20] 因此，同敬工會曾在 1922 年及 1930 年分別向東主要求加薪，最後成功爭取到更高工資（以散工計，1922 年為 8 毫 8 仙，1930 年為 9 毫 5 仙）、伙食待遇及有薪的工傷期等。[21]

至於法規方面，雖然香港早期已出現與「茅棚」（Matshed）[22] 有關的法例，如 1903 年《公共衛生及建築物條例》（Public Health and Buildings Ordinance）[23] 已規定搭建茅棚之前需得到工務局（Public Works）或建築事務監督（Building Authority）批准；然而，政府對於搭棚並沒有足夠重視，更缺乏相關知識以判斷棚架是否穩固及安全，審核程序亦完全不足，因此早期的戲棚時有火警、塌棚等意外。[24] 直至 1918 年跑馬地馬棚火災，這場香港史上最嚴重的

18　〈同敬工會近況〉，《工商晚報》，1931 年 8 月 4 日。

19　何佩然：《班門子弟：香港三行工人與工會》，頁 168。

20　〈搭棚同敬工會要求加薪〉，《香港華字日報》，1922 年 8 月 16 日。

21　何佩然：《班門子弟：香港三行工人與工會》，頁 167。

22　「茅棚」（Matshed），泛指以茅草、木等易燃物搭建而成的臨時或永久建築物，包括戲棚。

23　Public Health and Buildings Ordinance, 1903. Retrieved from https://oelawhk.lib.hku.hk/items/show/1209. ，擷取日期：2024 年 6 月 15 日。

24　如〈戲棚火影〉，《香港華字日報》，1905 年 9 月 18 日；或〈大風吹倒戲棚〉，《香港華字日報》，1915 年 11 月 1 日。

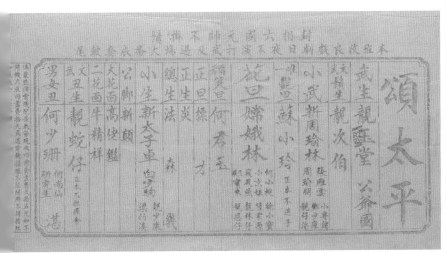

二十世紀初「頌太平班」橫頭單，左上方記載戲棚尺寸及形制的詳細要求。右圖是左圖橫頭單局部放大圖。
（香港文化博物館藏品）

火警意外奪去了至少 670 人的性命，[25] 這才讓政府開始重視搭棚規管。其後，政府分別在 1919 年和 1934 年頒布《公眾娛樂場所條例》（Places of Public Entertainment Regulation Ordinance）[26] 及《公眾娛樂場所規例》（Places of Public Entertainment Regulations）[27]，管理所有公眾娛樂場所（包括戲棚）的牌照、規格等；另一方面，政府亦在 1935 年訂立的《建築物條例》（Buildings Ordinance）[28]

. . . .

25　高添強：《馬場先難友紀念碑》，香港：東華三院檔案及歷史文化辦公室，2016 年，頁 46。

26　Places of Public Entertainment Regulation Ordinance, 1919. Retrieved from https://oelawhk.lib.hku.hk/items/show/1330. ，擷取日期：2024 年 6 月 15 日。

27　Places of Public Entertainment Regulations, 1934. Retrieved from https://oelawhk.lib.hku.hk/items/show/2762. ，擷取日期：2024 年 6 月 15 日。

28　Buildings Ordinance, 1935. Retrieved from https://oelawhk.lib.hku.hk/items/show/1877. ，擷取日期：2024 年 6 月 15 日。

中加入《茅棚規例》（Matshed Regulations）[29]，當中有若干關於棚架的嚴格規定，如設計圖、物料等需政府批准，或不能在其他建築物的 50 碼範圍內搭建茅棚等。直至香港重光以前，有關戲棚的法規並沒有太大改變。

停擺期：抗日戰爭的歲月（1937 – 1945）

1937 年 7 月日本全面侵華，中國北方主要城市逐漸落入日軍手中，單在 1938 年，就有約 50 萬人到港避難。1939 年，二次大戰爆發，香港仍未受戰火波及，眾多難民為香港提供巨大勞動力的同時，亦帶來了嚴重的社會問題，如居住、糧食、醫療等等，直至 1941 年香港人口已超過 160 萬。[30] 同年 9 月，同敬工會在勞工處的監督下，與棚業東家訂立非常詳盡的勞工合約，其中包括工資（散工為 1 元 1 毫 5 仙）、工時、津貼、意外賠償等等，足見棚業的發展已甚具系統和規模。然而，在訂立合約的三個月後，亦即是 1941 年 12 月 25 日，香港淪陷，不少傳統風俗因經濟、社會問題等陸續停擺。當時日軍認為香港人口過多，要求疏散大量人口，當中由軍政廳安排的離港者，絕大部份為廣東省籍人士，[31] 許多原本從內地到港謀生的棚廠或搭棚工人因而回流內地，例如當時知名的何蘇記棚廠東主何蘇，[32] 導致同敬會和香港棚業總

29 Matshed Regulations. Retrieved from https://oelawhk.lib.hku.hk/items/show/1882. ，擷取日期：2024 年 6 月 15 日。

30 鄺智文：《重光之路：日據香港與太平洋戰爭》，香港：天地圖書有限公司，2015 年，頁 173。

31 同上，頁 175。

32 何蘇：《中國棚業》，香港：何蘇記棚業工程出版，1971 年，頁 84。

商會（於 1941 年以前成立，為香港棚業的東家組織）等在 1942
至 1945 年間幾乎完全停止運作。[33] 雖然期間香港仍有粵劇演出，
但主要在戲院上演，如太平戲院等，而並非傳統臨時竹戲棚。

高峰期：二次大戰後的發展（1945 – 1975）

自香港重光及國共內戰後大量內地人口遷港，這些新移民為香港
帶來資金及勞動力的同時，亦帶來新的風俗、信仰及傳統技藝，
搭棚同敬工會亦因棚工陸續回港謀生而恢復運作，並在 1948 年
重新註冊為「港九搭棚同敬工會」，工會名稱一直沿用至今。[34] 由
於神功戲在戰後發展蓬勃，每逢神誕、盂蘭勝會及太平清醮均吸
引大量觀眾到戲棚看戲，於是負責搭建表演場所的戲棚業亦隨着
神功戲的興旺而進入高峰期。

1950 年代初，不少地方組織均陸續重辦傳統節慶，希望在苦難
日子過後，能夠祈求平安、消災解難，戲棚大小與觀眾數量亦成
為醮會規模與地方財力的體現。以 1953 年「元朗街坊十年例醮
勝會」中的戲棚為例，根據記錄，該戲棚總共可容觀眾一萬人，
棚身則縱橫十餘丈（約 40 至 50 米），[35] 是香港歷史上鮮見的巨型
戲棚之一。1960 年代，戲棚業生意非常興旺，單是新界每年的
戲棚就多達數十座，[36] 例如大澳在 1966 年共上演五台戲，包括土

33　何佩然：《班門子弟：香港三行工人與工會》，頁 155。

34　同上。

35　〈元朗建醮盛大鋪張 大戲棚可容萬人〉，《華僑日報》，1953 年 12 月 10 日。

36　〈新界各鄉每年賀誕多 神功戲消費驚人〉，《華僑日報》，1965 年 5 月 3 日。

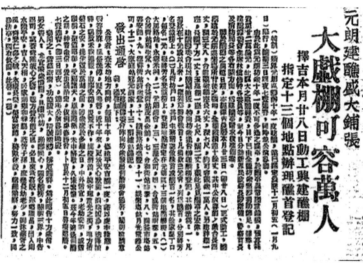

《華僑日報》，1953 年 12 月 10 日（由《南華早報》提供）

《華僑日報》，1965 年 5 月 3 日（由《南華早報》提供）

地誕、天后誕、侯王誕、洪聖誕及關帝誕，[37] 至於港九的新春戲棚亦有十餘座之多，[38] 當時的神功戲活動每每都能夠吸引成千上萬的觀眾。

盂蘭勝會方面，由於日治時期不少人都耳聞目睹日軍殘害華人的慘況，成為一代市民的慘痛集體回憶；至香港重光後，不同地方組織均陸續籌辦盂蘭勝會，[39] 以超渡日治時期不幸身亡的人士。如佛教三角碼頭街坊盂蘭勝會、西區正街水陸坊眾盂蘭勝會、荃灣潮僑盂蘭勝會等，這些因日治時期慘況而舉辦的盂蘭勝會一直延續至今。1960 年代，香港盂蘭勝會發展蓬勃，高峰時各地組織超過八十個，[40] 部份生意好的棚廠更要同時搭建十多個盂蘭戲棚，[41] 可見當時戲棚業鼎盛。

以下是 1960 年代農曆每月因應傳統節、慶、誕、醮而搭戲棚上演神功戲的舉隅 [42]：

37 〈離島每年演神功戲 數目相當龐大〉，《華僑日報》，1966 年 7 月 11 日。

38 〈年關漸近搭棚仍未旺 每日僅七成工人開工〉，《華僑日報》，1966 年 12 月 29 日。

39 陳蒨：《潮籍盂蘭勝會：非物質文化遺產、集體回憶與身份認同》，頁 199。

40 黃競聰：《簡明香港華人風俗史》，香港：三聯書店（香港）有限公司，2020 年，頁 158。

41 口述歷史訪談，陳煜光先生，樺堡工程有限公司負責人兼戲棚師傅，2021 年 8 月 7 日。

42 以下列表資料來自《華僑日報》（1961-1969）的相關報道。

月份（農曆）	活動	地點
正月	新春賀歲	灣仔、旺角、深水埗
	元宵節	長洲
	北帝誕	赤柱
二月	洪聖誕	大澳、鴨脷洲、滘西
	觀音誕	古洞、紅磡
三月	天后誕 *	長洲、馬灣、元朗、茶果嶺、屯門、赤柱、南丫島榕樹灣、大埔墟、蒲台島、汲水門、香港仔
四月	天后誕	青衣、西貢、坑口、大澳
	真君誕	青衣
	譚公誕	筲箕灣
五月	天后誕	坪洲、塔門、南丫島、元州仔
	關平誕	大澳、梅窩
六月	侯王誕	大澳
	天后誕	石澳
	觀音誕	白沙灣
七月	盂蘭勝會	荃灣、柴灣、長沙灣、油塘灣、牛頭角
八月	侯王誕	石壁大浪灣新村、東涌
九月至十二月	各區建醮 #	廈村、錦田、林村

* 天后誕乃香港最重大的傳統神誕，大部份地方組織都會在農曆三月二十三日前後賀誕，但亦有個別地方組織因為想避開風季，或想建立自己地區特色的節慶等原因，將賀誕日子延期數月，因此每年便有不同月份的天后誕。[43]

由於醮會戲棚規模較大，棚廠通常在農曆九至十月時已開始工程，搭建大型醮棚（三千人或以上）一般需時約一至兩個月。

43　陳天權：《香港節慶風俗》，香港：明報出版社，2012 年，頁 6。

然而，隨着傳統風俗活動與神功戲的蓬勃發展，各種因戲棚而生的社會問題如火災、噪音、公眾娛樂場地不足等亦逐漸產生，戲棚則成為政府的重點監察對象。

1955 年，消防監督曾去信新界民政署長，痛陳戲棚易生火警，表達出有禁搭之意，鄉議局則表示反對，認為搭棚演戲乃新界地區風俗，理應獲得寬限。[44] 1956 年，政府發佈有關戲棚搭建的新規例，包括座位排列限制、地台只許離地兩英尺、地板必須貼合而不得有空隙、看台不得設置欄杆以及戲棚上蓋不得再用茅草而需改用鋅鐵片或帆布等，[45] 這些法規可謂奠定現今戲棚的樣式。不過自 1956 年的新例推出後，不少地方在搭棚演戲時隨即大受掣肘，如長洲北帝誕便因為規例過嚴的問題，數年沒有上演大型神功戲，[46] 亦有個別組織冒險選擇違例搭建戲棚，[47] 可見該新例雖然加強戲棚的安全性但亦打擊傳統風俗活動的發展。

1961 年，消防處再次提出禁止竹棚娛樂表演，建議將傳統中國戲劇搬到戲院舉行，卻遭到其他部門如工務局等反對，認為竹戲棚與普通戲院功能並不相同，禁搭竹戲棚除了會破壞中國文化外，

. . . .

44 〈戲棚易惹火警　當局嚴予限制　新界鄉民聯請寬限〉，《香港工商日報》，1955 年 4 月 19 日。

45 〈神功戲與戲棚〉，《華僑日報》，1956 年 3 月 28 日。

46 〈長洲居民希望當局放寬搭戲棚限制〉，《華僑日報》，1960 年 4 月 2 日。

47 〈建戲棚不依照規定　粉嶺鄉會演粵劇　被警方着令停演〉，《香港工商日報》，1960 年 2 月 20 日。

《華僑日報》，1956 年 3 月 28 日（由《南華早報》提供）

搭戲棚新例
座位高度有限制
不得過高二尺半

《工商晚報》，1956 年 4 月 5 日（由何鴻毅家族提供）

亦會引起民憤。[48] 其後數年政府內部繼續討論有關竹棚娛樂表演的議題，期間亦多次諮詢鄉議局和鄉事委員會等意見，最終決定允許華人繼續搭棚演戲，惟推出一連串措施作更嚴密的規管，如申請牌照程序、場地衞生及防火裝置等，可見港府雖然希望保留華人搭棚演戲的傳統，但對於戲棚的安全性仍存有一定疑慮。

另一方面，香港公眾娛樂場地不足的問題亦與戲棚業息息相關。以盂蘭勝會為例，政府在 1969 年收到共五十個申請，至 1975 年

48　HKRS41-2A-76.「Chinese Theatrical Performances — Matshed Theatres」. Hong Kong Public Records Office.

更達八十多個，顯示香港對舉辦神功戲場地的需求甚為殷切。[49]
根據 1974 年的統計，在農曆七月期間一共有三十八個球場被戲
棚佔用，全港小型硬地球場只有七十一個，意味着超過半數球場
在該月不能用作正常用途。事實上，盂蘭勝會所用的球場大多處
於人煙稠密的地區，如旺角、筲箕灣、西區等，這些地區在平日
本身已存在球場供應不足的情況，盂蘭勝會等無疑令問題雪上加
霜。除了球場被過份佔用的問題外，上演神功戲所造成的巨大聲
浪，亦惹來不少批評。由於不少球場鄰近住宅，因此在神功戲舉
行期間，附近居民日以繼夜地深受鑼鼓喧天的聲浪騷擾，[50]引致市
民開始要求政府檢討租用公共場地條例，後來政府立例規定神功
戲在晚上 11 時前結束，令天光戲從此於市區絕跡。[51]

滑落期：城市化與流行文化的影響（1976 – 1997）

踏入 1970 年代，新界地區開始進入高速城市化階段，多個新市
鎮逐漸規劃發展，如荃灣（1973）、沙田（1973）、屯門（1973）、
元朗（1977）、將軍澳（1978）等，使傳統鄉村居民需要融入城
市生活，許多原居民都陸續搬到市區居住，部份市區人則遷居到
新市鎮，使城鄉界線逐漸模糊。在這種情況下，民間風俗的傳承
受到城市化的巨大衝擊。另一方面，隨着社會及科技進步，傳統
信仰不再深入民心，年輕人亦開始熱衷於本地與西方流行文化，

49　黃競聰：《簡明香港華人風俗史》，頁 158。

50　〈盂蘭節演戲借用球場 妨礙體育活動〉，《華僑日報》，1974 年 8 月 30 日。

51　黃競聰：《簡明香港華人風俗史》，頁 87。

九龍城戲棚，1950 年代（香港文化博物館藏品）

大澳楊侯古廟侯王誕，1956 年（圖像來自香港大學圖書館）

西貢戲棚，1950 年代（西貢街坊會 @skkfc_official 及 The Kungers・公立 @thekungers 藏品）

大嶼山梅窩寶誕臨時神功戲戲棚，1963 年（圖像來自香港大學圖書館）

以葵葉鋪設的早期戲棚，1967 年（政府檔案處歷史檔案館藏品）

青衣戲棚，1974 年（由香港特別行政區政府提供）

如流行曲、電影、電台等。至於神功戲、粵劇則下降成為次要娛樂，因此神誕、太平清醮及盂蘭勝會等傳統風俗活動便開始大幅減少。

另一方面，香港在 1970 年代開始步入城市化的階段，建築棚架的需求大增，因此許多棚廠開始專營相對較為輕鬆的建築棚架工程。香港早期的棚廠雖然以戲棚的生意為主，但基本上任何棚類生意均來者不拒，例如建築棚、招牌棚、爆石棚 [52] 等。然而，由於搭建戲棚的所需成本極大，包括工具、材料及人手等，所以少數棚廠在 1970 年代開始轉型，主力提供建築類的棚架工程，願意搭建戲棚的棚廠則愈來愈少。此外，戲棚紮作常用的竹篾在 1970 年代開始被尼龍篾（即膠篾）取代，原因亦與建築棚行業有關，現時不管是建築棚架還是戲棚，均已全面使用「膠篾」作為紮作材料。[53] 除了上述原因，地方組織開辦神功粵劇，還要面臨成本高昂、規管嚴格以及場地租借困難等問題，使本來已面臨行業收縮的戲棚業更是雪上加霜。1980 年代，舉辦一場較有規模的神誕或盂蘭勝會，包括搭戲棚、請戲班等開支動輒需要花費港幣數十萬元，活動收入卻往往只是依靠地方人士捐款、販賣戲票等，在成本高昂的情況下，通常最後都不能平衡收支，令籌辦組織、村民及街坊負擔沉重，造成許多中小型傳統風俗活動陸續停辦，如元朗石埗圍元宵節（約 1985 年停辦）及上水古洞觀音誕

....

52　一般的開山工程會用大量炸藥進行炸石，香港以前會搭建「爆石棚」用作遮擋爆炸時的四處橫飛的沙石，現代則會利用鐵架去完成此工作。

53　將於第三章詳述。

《華僑日報》，1982 年 6 月 24 日。（由《南華早報》提供）

（1987 年停辦）等。[54] 另一方面，政府對於租借場地搭棚演戲的規
管亦日趨嚴格，如 1982 年港島六區（包括銅鑼灣、北角、大坑、
跑鵝[55]、灣仔及燈籠區）潮籍老人曾向港府請願，[56] 希望於維多利亞
公園舉辦盂蘭勝會；然而，政府卻重申因維園場地長期不足的關
係，自 1975 年開始已拒絕任何人借用維園舉辦傳統形式的宗教
聚會，如盂蘭勝會、神誕等；1982 年潮州公和堂亦因借不到場
地，被逼停辦一年。[57]

直至 1990 年代，許多地方組織在籌辦傳統風俗時所面對的困難
有增無減。1990 年，「大埔林村鄉十年一屆太平清醮」欠缺緣首
一事可謂完全體現了城鄉融合對於傳統風俗活動的影響。根據林
村鄉鄉例，在舉辦太平清醮前需要選出九名緣首，代表鄉民在打
醮期間協助喃嘸通行一切法事。然而，大會最初只找到三人願意
成為緣首，尚欠六人，情況並不樂觀。雖然根據鄉例，緣首的條
件非常寬鬆：凡十二歲以上男丁均有資格出任，而且林村共有
二十三條村，八百戶人家，八千人口，到最後竟然湊不夠九名志

54　陳守仁、湛黎淑貞：《香港神功粵劇的浮沉》，頁 80‐81。
55　跑馬地及鵝頸。
56　〈港島六區潮籍老人 請願要求政府撥地演神功戲〉，《華僑日報》，1982 年 6
　　月 24 日。
57　黃競聰：《簡明香港華人風俗史》，頁 166。

願者，實在令人始料不及。[58]

籌備委員會主席解釋，上一屆（即 1980 年）的緣首大都是由小學六年級的青少年出任，以往學童大多在林村公立學校就讀，而該校會在打醮期間全校放假，所以出任醮會緣首並不會影響學業。事隔十年後的 1990 年，許多村民已因為工作原因搬到市區，村童亦分散到其他學校就讀，最後許多人都以不能荒廢學業為理由拒絕出任緣首。理論上，緣首是打醮儀式進行時負責代表鄉村拜祭的人，以往對於許多村民來說，能獲選為緣首絕對是個人的榮耀。不過隨着社會發展，年青人卻因為學業、怕辛苦甚至對鬼神敬而遠之等原因而不願擔任緣首。[59] 最後，籌委會選擇以村代表作為緣首，雖然醮會在該年亦順利完成，但由此可見傳統風俗在城鄉交融的情況下面臨不少困難。

由於神功戲、粵劇等逐漸被邊緣化，使得與其息息相關的戲棚業亦急速滑落。在 1980 年代後期，許多棚廠已完全放棄承接戲棚工程，開始專營相對較輕鬆和穩定的建築棚和維修棚生意。部份棚業前輩更自此停止涉足戲棚工程至今達三十年之久，原因是搭建戲棚成本太高，包括工具、人手等，但所帶來的經濟效益卻非常低，許多棚廠因而已不願意承建戲棚。[60] 對棚工來說，搭建建築棚或維修棚絕對遠比戲棚輕鬆，由於搭建神功戲棚需要長時間日曬雨淋，加上戲棚所用的材料遠比建築棚的重，例如大杉、木

58　〈林村打醮緣首難求 將用村代表事鬼神〉，《華僑日報》，1990 年 2 月 15 日。
59　同上。
60　何佩然：《班門子弟：香港三行工人與工會》，頁 171。

板、鋅鐵等，師傅們往往要在猛烈陽光和炎熱天氣下，處理數十公斤重的竹杉，體力需求巨大，導致許多精通戲棚搭建技藝的師傅最終都選擇轉行，不再從事相關工作。另一方面，因為戲棚業與建築棚業在入行時的薪金相差不遠，兩者的辛苦程度卻有着天壤之別，所以新一代的學徒紛紛投身於專營建築棚架的公司，令戲棚業開始出現青黃不接的問題。

重塑期：回歸後的發展（1997 – 現今）

香港回歸以後，政府各界陸續開始推廣傳統文化，希望更多人尤其是年輕一代能夠認識及參與傳統風俗活動。如資深粵劇班政家黃肇生曾舉行粵劇工作坊，帶領學生參觀鴨脷洲、青衣、屯門等多個戲棚，介紹神功戲的特色；[61] 又或康樂及文化事務署舉辦的「戲棚粵劇齊齊賞」，每年在各個戲棚內如上水河上鄉（2009）、[62] 沙田大圍村（2017）、[63] 石澳泳灘停車場（2018）[64] 等，上演多個粵劇節目及與學生舉行互動活動，內容包括粵劇基本功示範、樂器介紹、靶子表演等，以及由搭棚師傅或教授講解戲棚建築結構及特色的講座等，既可鼓勵市民學生支持粵劇，亦可推廣戲棚特色，令更多人深入了解這些傳統文化藝術。近年，各界亦舉辦不少有關傳統戲棚的展覽及活動，包括「竹跡‧築跡」香港本土歷

. . . .

61 〈粵劇導賞計劃正進行 學生可參觀戲棚瞭解神功戲特色〉，《大公報》，2003年1月28日。

62 〈康文署推齊賞戲棚粵劇〉，《頭條日報》，2009年3月13日。

63 〈2017/18 戲棚粵劇齊齊賞〉，康樂及文化事務署網站，https://www.art-mate.net/doc/48662，擷取日期：2024年6月15日。

64 〈林村打醮緣首難求 將用村代表事鬼神〉，《華僑日報》，1990年2月15日。

史建築展覽（2011-2012）、賽馬會鯉魚門創意館「戲凝社群·
棚聚傳承」戲棚文化展覽（2012）、西九大戲棚（2012-2014）、
康樂及文化事務署「太平處處是優場 ── 維園粵劇戲棚匯演」
（2023）等。

2017 年，戲棚搭建技藝獲列入「香港非物質文化遺產代表作名
錄」，令公眾重新認識這門傳統技藝的獨特性。自從 2006 年香
港政府正式確認聯合國教科文組織《保護非物質文化遺產公約》
後，便隨即展開全港性非遺普查，以編製非遺清單，最後於 2014
年公布《首份非物質文化遺產清單》，涵蓋共四百八十個項目。
及後，政府在 2017 年公布包括戲棚搭建技藝在內的「香港非物
質文化遺產代表作名錄」共二十個項目，而成立代表作名錄的其
中一個目的是「就保護具有高文化價值和急需保存的非遺，在分
配資源和採取保護措施時訂立緩急先後次序」，[65] 代表戲棚搭建技
藝將會成為香港優先保育的非遺項目。事實上，自戲棚搭建技藝
被列入清單後，政府已投放大量資源，向大眾推廣戲棚搭建技
藝，包括 2018 年在三棟屋博物館展覽廳「口傳心授系列 II：香港
非物質文化遺產代表作名錄」展覽中展出戲棚搭建技藝及相關資
訊，以及在 2020 年「香港非遺宣傳影片製作計畫」中展示戲棚
搭建技藝等。

近年不同團體亦積極向世界各地推廣戲棚搭建技藝，令此技藝得

65 〈政府公布首份香港非物質文化遺產代表作名錄〉，香港特別行政區政府新聞
公報網站，https://www.info.gov.hk/gia/general/201708/14/P2017081400644.
htm，擷取日期：2024 年 6 月 15 日。

以進入國際視野之中。例如香港建築師學會在 2019 年於美國洛杉磯展示建築展覽「島與半島」，其中一件展品為蒲台島天后誕戲棚的模型，這個建於懸崖峭壁之上的戲棚，可謂完美展現了香港棚藝「隨建隨拆、靈活變通」的特點，而在洛杉磯展出期間，不少外國人都對這個戲棚模型深感興趣，尤其是因為戲棚本身仍然使用傳統方法及物料搭建，在過程中並不需要用釘、圖則等，與現代西方建築方法大相逕庭。[66] 同年，卓翔導演於香港、韓國及台灣等地上映作品《戲棚》，該片記錄了搭棚團隊從零開始搭建戲棚的完整過程，最後更入圍第五十六屆金馬獎典禮最佳紀錄片，可謂揚威海外，亦令更多人深入認識戲棚搭建技藝。

然而，儘管政府及各大機構積極推廣傳統文化，但神誕、醮會等傳統風俗活動仍然比以前減少許多，如 1990 年全港共上演七十四台神功戲，但 2017 年只剩下四十一台，減少大約百分之四十，[67] 令戲棚業嚴重萎縮。由於鄉村城市化、市區重建等原因，令許多地方組織在籌集資金上有極大困難，加上通貨膨脹，亦令戲班與搭棚成本上升，結果許多值理會只能停止演戲，或已改於社區會堂上演，[68] 令戲棚公司生意下降。據棚業東主憶述，在 2000 年左右，最少仍有五家棚廠會搭建戲棚，但現存只剩下兩家，分別是樺堡工程及偉業棚廠。[69]

66 〈蒲台島懸崖戲棚展非凡手藝〉，《香港商報》，2021 年 5 月 12 日。

67 陳守仁、湛黎淑貞：《香港神功粵劇的浮沉》，頁 194。

68 〈搭棚成本升　演出費昂貴　神功戲場數廿年減半〉，《晴報》，2017 年 9 月 1 日。

69 口述歷史訪談，陳煜光先生，2021 年 8 月 7 日。

香港非物質文化遺產系列：戲棚搭建技藝

58

此外，近年部份盂蘭勝會亦因場地、成本等因素，改以鋼架、帆布等材料搭建的智能棚（又稱金屬棚、天幕等）來取代傳統的竹戲棚。由於盂蘭勝會多在公共球場舉行，而每逢在政府轄下場地舉辦盂蘭勝會，都會受到很多條款約束，如因搭建戲棚而損壞球場時，申辦者需自費數萬元修復，亦會因而降低下年成功租場的機會。另一方面，近年的颱風極具破壞力，使用傳統竹戲棚在風季時會面對塌棚危機，每當塌棚時，主辦方都需要付出額外金錢重新建棚，令財政狀況百上加斤；至於棚廠則需要風雨不改地趕工，將原本搭好的部份全部拆卸，然後重新搭建，所以有戲棚公司近年亦因人手問題和塌棚風險而選擇減少搭建盂蘭戲棚。[70] 由於智能棚的成本一般只需約十萬元，[71] 比起傳統竹戲棚便宜一倍，而且搭建速度快，抗風能力強之餘，亦不易破壞場地，所以近年不少盂蘭勝會都轉用了金屬棚架，而 2007 年錦田八鄉大江埔村盂蘭勝會是香港首個使用鋁合金棚的潮籍盂蘭勝會。[72] 雖然最初許多長老並不接受以智能棚取代竹棚，但由於最後效果良好，成本較低之餘，防風力亦強，因此近年不少盂蘭勝會如九龍城、旺角、土瓜灣等，均陸續轉用智能棚，現時有超過一半的盂蘭勝會已轉用智能棚上演神功戲。[73]

另一方面，自回歸以後，舉辦傳統風俗活動所帶來的環保問題，成為了人們關注的焦點。如在 2016 年，有人以盂蘭勝會污染環

70　口述歷史訪談，張雪英女士，偉業棚廠負責人，2022 年 5 月 12 日。
71　同上。
72　周樹佳：《鬼月鈎沉：中元、盂、蘭餓鬼節》，頁 201。
73　口述歷史訪談，陳煜光先生，2021 年 8 月 7 日。

九龍城潮僑街坊盂蘭勝會搭建的智能棚，攝於 2023 年。

境為由，在社交平台發起廢除香港潮人盂蘭勝會的投票；[74] 2019
年青衣天后誕亦面對相關批評，環保份子發現活動過後，場地地
面佈滿即棄餐具及垃圾，於是自發成立關注組清理垃圾，並向政
府作出投訴。

---

74 〈一年一度香港潮人習俗　盂蘭勝會見證城市變遷〉，《大公報》，2016 年 12
月 29 日。

2020 年，新型冠狀病毒在香港爆發，令戲棚行業遭受嚴重打擊，兩年間共失去了九成生意。在疫情前，戲棚業都是全年無休，從年頭到年尾，各區神誕、盂蘭勝會及太平清醮的戲棚至少有三十個，但在 2021 年，卻只剩下蒲台島及長洲等極少數地方有工作可接。[75] 由於疫情反覆，令大部份活動暫停，棚工收入銳減，有些戲棚師傅需要兼職搭建建築及維修棚架以維持生計。[76]

第二節　香港戲棚的代表作

一、錦田鄉十年一屆酬恩建醮 —— 乙未年（2015）戲棚

錦田鄉十年一屆酬恩建醮，是香港有記錄以來最悠久的太平清醮，始於康熙二十四年（1685）。清朝初期，據守台灣的明朝遺臣鄭成功不斷組織反清活動，直至康熙元年（1662），清廷推行遷海令，規定沿海居民內遷五十里，以切斷鄭氏與大陸之間的聯繫，頓時令沿海居民流離失所，包括其時已定居錦田數百年的鄧氏。後來，兩廣總督周有德及廣東巡撫王來任屢次上書，力陳遷海令對廣東地區造成的禍害，最終在康熙八年（1669）清廷解除禁令，批准復界，容許居民回鄉居住。及後，錦田居民倡議於村內建立周王二公書院以紀念周、王二人的恩德，並作為教育子弟的場所。次年，錦田鄧氏籌辦首屆太平清醮，紀念周王二公，並

75　〈蒲台島懸崖戲棚展非凡手藝〉，《香港商報》，2021 年 5 月 12 日。
76　口述歷史訪談，張雪英女士，2022 年 5 月 12 日。

2015 年錦田酬恩建醮戲棚剪影

（由錦田鄉事委員會提供）

超渡因遷界喪生的亡魂；自始每十年建醮一次，直至 2015 年已辦至第三十三屆。[77]

錦田鄉十年一屆酬恩建醮 —— 乙未年（2015）戲棚，面積達三萬多平方英尺，棚高接近 100 英尺，足以容納七千人，屬於香港甚至是全世界有記錄以來最大型的竹造戲棚之一。[78] 由於此戲棚體積比一般戲棚還要大數倍，負責搭建戲棚的嚴順利師傅與十幾名團隊師傅耗時達三個多月才搭建完成。當中最困難之處在於棚頂的重量分佈鋪排，尤其戲棚中央有長達 60 英尺的空間不能有任何圓柱作支撐，單靠竹杉橫樑結構承托約 100 英尺高的棚頂，是對搭棚技術的極大考驗。最終憑着戲棚師傅的經驗與技術，利用比一般戲棚還要大型的風暢、挑暢及拱型橫樑，有效將棚頂重量分散，成功搭建非常宏偉的錦田戲棚。[79]

二、蒲台島天后誕戲棚

蒲台島天后古廟建於道光十五年（1835）或之前，[80] 每年農曆三月二十三日的天后寶誕是島上的盛事，不少其他地區的漁民均會臨島賀誕，而此地於廟前臨海懸崖上搭棚演戲的習俗最少已有五十

77 〈錦田地名初探〉，香港地方志中心網站，https://www.hkchronicles.org.hk/%E9%A6%99%E6%B8%AF%E5%BF%97/%E5%9C%B0%E5%90%8D/%E9%8C%A6%E7%94%B0%E5%9C%B0%E5%90%8D%E5%88%9D%E6%8E%A2，擷取日期：2024 年 6 月 15 日。

78 〈錦田鄉建醮盛會　一大三多〉，《香港商報》，2015 年 12 月 3 日。

79 口述歷史訪談，嚴順利先生，2022 年 9 月 5 日。

80 廖迪生：《香港廟宇（上卷）》，香港：萬里機構，2022 年，頁 335。

戲棚師傅依懸崖邊凹凸不平的地形搭建地台，為廟前建造戲棚提供足夠的平地空間。

整個戲棚最困難的部份為懸崖邊的地台，當處理好地台後，其餘工序就與一般戲棚的搭法無異。

年歷史，[81] 亦是香港少數仍然保留搶花炮傳統的地方。[82] 蒲台島天后廟外雖然是懸崖，但當地居民卻選擇跟隨傳統，堅持要在廟的正前方搭建戲棚，讓廟內的神祇能觀賞戲棚內的演出，搭棚師傅因地制宜，創造出獨一無二的懸崖戲棚。

在懸崖上搭建戲棚的難度遠超於在平地搭建。以同樣的尺寸計算，即闊 70 英尺、長 80 英尺、高 38 英尺，[83] 十個師傅只需五天便可完成搭建一般戲棚，但蒲台島天后誕戲棚同樣有十個師傅，卻需要十五天才能完成。[84] 主要是因為戲棚團隊需要從懸崖底預先搭建一個高近 30 英尺的地台，然後才可以開始搭建戲棚，這兩個步驟共要花十天時間，餘下五天則用作鋪蓋鋅鐵片及搭出路橋等，整個工序的難度與複雜性可見一斑。所用物料方面，蒲台島戲棚需要四百支杉木、二千五百支竹及六百多塊鋅鐵片，相比

81 蒲台島何時開始搭棚賀誕已不可考，最早於 1971 年的報章已提及此地一直都有搭棚演戲賀誕的習俗，見：〈蒲台島天廟殘破 鄉民決保古跡重修〉，《華僑日報》，1971 年 3 月 23 日。

82 〈學睇竹戲棚（一）蒲台島〉，《香港獨立媒體》，2016 年 5 月 12 日。

83 〈蒲台島懸崖戲棚展非凡手藝〉，《香港商報》，2021 年 5 月 12 日。

84 蒲台島風物志工作組：《蒲台島風物志》，香港：中華書局（香港）有限公司，2016 年，頁 114。

一般同樣尺寸的戲棚多出了六成竹杉，主要是用來搭建從崖底到地面縱橫交錯的大托架。[85] 此外，坐落於香港最南部的蒲台島風勢非常強勁，單是拿着竹杉亦會被風吹得站不穩腳，故昔日當地的戲棚曾有數次被強風吹塌的記錄。其後經陳煜光師傅加以改良至現今所見的形態，不但更能抵擋強風，而且更為美觀。[86]

三、西貢墟天后誕戲棚

西貢墟天后古廟為二級歷史建築，創建年份已不可考，據説已有百多年的歷史，[87] 曾於 1916 年、1965 年及 1993 年重修。傳統天后誕正誕日為農曆三月二十三日，香港不少地區都會在當天慶祝天后誕，但由於西貢區天后廟眾多，戲班與搭棚師傅有限，於是各廟宇所屬的組織互相作出協調，最終西貢墟天后誕定為每年農曆四月份舉行。[88]

西貢墟天后古廟坐落於西貢墟市中心，地理環境複雜，地面凹凸不平，搭棚師傅需要因應實際情況鋪墊地面以形成一大平面；加上旁邊有停車場、民居、籃球場、行人路及馬路，戲棚的每支柱、斜撐都需要巧妙避開各種事物，可謂難關重重。更甚者，該處涉及公眾地方與馬路，政府只會為工程批准封路一個月，所以

85　〈蒲台島懸崖戲棚展非凡手藝〉，《香港商報》，2021 年 5 月 12 日。

86　口述歷史訪談，陳煜光先生，2021 年 8 月 7 日。

87　楊懷俸編：《西貢天后關帝古廟誌》，香港：廟誌編印委員會，1993 年，頁 1。

88　馬木池、張兆和、黃永豪、廖迪生、劉義章、蔡志祥：《西貢歷史與風物》，香港：西貢區議會，2011 年，頁 39。

西貢天后誕戲棚（圖像來自香港大學圖書館）

時間非常緊逼，每次最少也要出動十個身經百戰的老棚師傅才能順利完成戲棚。

嚴順利師傅視這個戲棚為最具挑戰性的戲棚，對於一般人而言，在該處能搭建出一個大型戲棚絕對是一件匪夷所思的事。[89]

四、西區石塘咀街坊潮僑盂蘭勝會（山道）戲棚

西區石塘咀街坊潮僑盂蘭勝會早在戰前已成立，[90] 是香港其中一個歷史最悠久的盂蘭勝會。據說大會選擇在山道天橋下這個斜坡位置搭棚舉行盂蘭勝會的原因有二：一、1934 年 5 月 14 日西環煤

89　口述歷史訪談，嚴順利先生，2022 年 9 月 5 日。

90　田仲一成：〈二十世紀香港潮幫祭祀活動回顧 —— 遺存的潮州文化〉，《饒宗頤國學院院刊》，2014 年第 1 期，頁 415。

氣鼓發生嚴重大爆炸（位置約在現時的翰林峰），旁邊的樓房頓時變成火海，死傷無數，事後石塘咀街坊開始舉辦盂蘭勝會超渡亡靈；[91] 二、天橋臨近昔日域多利亞公眾殮房，當地居民希望透過盂蘭勝會讓往生的朋友享用娛樂。

陳煜光師傅指出此戲棚的規模雖小，但在山道搭建戲棚的難度並不下於蒲台島，[92] 十五位師傅需工作八天才可以完成。山道是香港有名的「長命斜」，而且空間侷促，需要在彎曲的天橋下約二百多英尺長、僅三十多英尺闊的斜路上搭建神棚、戲棚、經師棚、孤魂棚及米棚等多個竹棚，對搭棚師傅的技術有着極高考驗。會場最大型的戲棚高二十七英尺，而整個會場使用約三百支杉、一千五百支竹，[93] 相比一般戲棚的規模並不算大，但由於山道集狹窄、曲彎及崎嶇不平於一身，竹棚本身亦需要用極多短竹來調整方向，配合彎度及斜度，以保持舞台平穩，並需利用周邊事物為竹棚提供承托力，如路牌、大樹、休憩長椅與欄杆等，可謂完美表現出戲棚搭建技藝的靈活性。此外，該處人流、車量甚多，因此在整個搭棚過程中，師傅都必須小心遷就行人與汽車，以避免發生意外，戲棚工程因而不時被拖慢甚至中斷。

91　陳蒨：《潮籍盂蘭勝會：非物質文化遺產、集體回憶與身份認同》，香港：中華書局（香港）有限公司，2015 年，頁 200。

92　口述歷史訪談，陳煜光先生，樺堡工程有限公司負責人兼戲棚師傅，2022 年 11 月 11 日。

93　〈鬼月山道　奇異負空間〉，《明報》，2018 年 9 月 9 日。

小結

自清代香港地區開始上演神功戲後，負責搭建表演場地的戲棚業便迅速在港落地生根，早在十九世紀時，已有不少關於戲棚的新聞報道。然而，開埠早期政府對竹棚建築監管不力，於是便出現了許多因戲棚而生的火災、塌棚等意外，直至跑馬地馬棚大火後，政府才開始認真規管竹棚。戰後，雖然戲棚業發展蓬勃，開始進入行業高峰期，但由於政府與大眾的安全及衞生意識提高，戲棚須比以往受到更多規管與限制，包括物料、規格、形式等，因此香港的戲棚師傅需要隨着法例要求及時代轉變，不斷改良戲棚，例如從茅草到鋅鐵蓋頂、從竹篾到尼龍篾等，最終發展出具有香港特色的戲棚，例如可容納六千人以上的錦田戲棚、依斜坡而建的山道戲棚、豎立於懸崖邊的蒲台島戲棚等。

1970 年代至 2020 年代戲棚剪影

（由張雪英提供）

西貢糧船灣

西貢白沙灣

吉澳

青衣

粉嶺圍

戲棚結構

第三章

戲棚搭建的技藝

第一節　物料

戲棚搭建技藝是中國傳統的建築技術，其精髓是搭棚師傅僅以簡單的材料和工具便可搭建一座非常穩固的臨時建築。現時戲棚的主要材料為：竹、杉木、篾、鋅鐵片及木板，當中除了篾以外，所有物料都可以循環再用。

竹

竹是戲棚的主要物料，一般生長三年、長度超過六米的竹身最適用於搭建戲棚，其中竹材主要有兩種：篙竹和毛竹（又稱茅竹）。兩者的主要差別在於厚度及其所能提供的承托力。毛竹較為粗身，承托力比篙竹強，通常用於較受力的位置；篙竹雖然比較幼，但勝在軟身與輕巧，亦富韌力，適合做主要結構。就戲棚的結構力學而言，使用竹為主要結構最少有以下三個優點：

其一：材質堅韌：易彎不易斷，[1] 可按照實際情況來屈曲成拱型以分散力度；

其二：輕易切割：因應實際需要作出切割，因此搭建竹棚在凹凸不平的地形上，靈活度遠比其他類型的棚架（如鋼架）高；

1　Dan Waters, "The Craft of the Bamboo Scaffolding". *Journal of the Hong Kong Branch of the Royal Asiatic Society*, Vol. 37 (1998): p. 27.

其三：重量較輕：相比起鋼材，輕巧的竹較適合用作棚頂，[2] 若果頂部以其他重型物料如金屬、水泥等，會增加倒塌的風險；

香港本地生長的竹較脆弱，不適用於搭棚，因此棚廠需要經由竹業分銷商從外地進口竹材。近年，香港戲棚用的竹一般由肇慶、梧州與越南等地入口，[3] 這些地方的竹較為高大、乾身及堅韌，而且大多可筆挺直立，一般可以循環再用於搭建兩至三次神功戲棚。[4] 香港氣候多雨潮濕，竹材的保存也是一門大學問。基本上竹只要接觸到水就很容易變霉和腐爛，而戲棚難免面對日曬雨淋的天氣，因此每逢在雨季搭建的戲棚因霉爛而需棄置的竹由兩成至五成不等。[5] 倘若回收的竹只是部份霉爛或斷掉，則可按情況裁切保留，並在下次搭棚時用作較短的棚架部份或短台腳。

屋宇署在 2006 年出版《竹棚架設計及搭建指引》，規定竹棚所用的竹必需有足夠的強度和韌度，並且要堅實耐用；雖然指引中並

2   Iris Ip：〈戲棚美學〉，Iris Ip Youtube 網站，https://www.youtube.com/watch?v=eGP4fGr-0xY，擷取日期：2024 年 6 月 15 日。
3   〈【棚之藝術】搭棚用什麼竹？〉，寶高棚業工程 Facebook 網站，https://www.facebook.com/pokoscaffolding/photos/a.1504327846539036/150632892967 2261/?type=3，擷取日期：2024 年 6 月 15 日。
4   口述歷史訪談，陳煜光先生，2021 年 8 月 7 日。
5   口述歷史訪談，張雪英女士，2022 年 5 月 12 日。

一般戲棚所用的竹以 22 至 25 英尺為最佳，比起屋宇署規定的 6 米（約 20 英尺）還要長，至於竹長的好處是可用較少的竹搭成戲棚，對於棚身的重量負荷較低，而且每支長竹所承受的力度與堅韌性較短竹優勝，師傅亦容易就實際情況切割所需長度。（由嚴順利提供）

沒有明文規定戲棚的實際要求，[6] 但一般戲棚工程都與其相關建議相近，甚至有着更高要求[7]：

通常用作架設竹棚架的篙竹和毛竹，一般竹齡為三至五年，長度為 6 米。篙竹和毛竹應垂直放在室內地方風乾至少三個月，才可使用。

這些竹不應有任何肉眼可見的瑕疵，而橫切面的尺寸須符合下列規定：

● 篙竹一般外圍直徑應不少於 40 毫米。

● 毛竹在非重疊部分，一般外圍直徑應不少於 75 毫米，竹的一般厚度應為 10 毫米或以上。

6　指引中只詳細列明了雙行竹棚架、外伸桁架式竹棚架和招牌竹棚架三種棚架的設計和建造標準。如非此三種棚架（包括戲棚、神棚等），則該棚必須由設計工程師（如戲棚師傅）以「效能表現為本」的方式設計，在工程期間亦需由屋宇署查驗棚架的安全性，見屋宇署：《竹棚架設計及搭建指引》，香港：屋宇署，2006 年，頁 1：https://www.bd.gov.hk/doc/tc/resources/codes-and-references/code-and-design-manuals/GDCBS_c.pdf ，擷取日期：2024 年 6 月 15 日。

7　屋宇署：《竹棚架設計及搭建指引》，香港：屋宇署，2006 年，頁 2：https://www.bd.gov.hk/doc/tc/resources/codes-and-references/code-and-design-manuals/GDCBS_c.pdf ，擷取日期：2024 年 6 月 15 日。

一般杉長約 25 英尺，而用作主力柱的大杉則可長達 30 英尺以上。（由嚴順利提供）

杉木

杉木主要用途是主力柱，所有主力柱均會用杉而不是竹，原因是杉木非常堅硬，承重力及支撐力遠勝竹材，抗風能力佳，因此不能被竹所取代。一個大型戲棚最少要過千支杉木，經驗豐富的老師傅認為杉木是整個戲棚結構的重中之重，必須做得穩固以作為棚身的主要支撐，而竹只能提供基本承托作用。

現時杉木的來源主要由內地供應，雖然價錢遠較竹昂貴（每支杉木成本約一千元，而竹每支只需十元至數十元不等），但保養非常簡單，[8] 而且在使用過程中限制較少。雖然杉木是主力柱，在搭棚過程中亦會不斷被屈曲，不過杉木非常堅韌耐用，即使被屈曲，在拆卸後會變回筆直，基本上可以不斷重用，使用期甚至可達十多年。[9]

篾

篾是紮作竹杉與鋅鐵的物料，傳統的篾是以竹削成的長帶，稱為竹篾，亦因其又扁又長的外型，常被誤認為是「藤條」。[10] 要使用竹篾，必先在前一晚將之放入水中浸泡到軟身，然後在紮緊棚架後，待竹篾自然收水，透過此風乾過程便可製造拉緊效果。不過，竹篾在風乾以後會變得異常鋒利，不小心磨擦到的話，很容

8　口述歷史訪談，張雪英女士，2022 年 5 月 12 日。

9　口述歷史訪談，嚴順利先生，2022 年 9 月 5 日。

10　Dan Waters, "The craft of the bamboo scaffolding", *Journal of the Hong Kong Branch of the Royal Asiatic Society*, Vol. 37 (1998): p. 25.

膠篾　　　　　　　　　　　　　　　　以膠篾牢牢紮實的竹杉

易被割傷，所以早年的棚工在施工時，手臂、頸部甚至臉上都會
不時受傷而留下疤痕。儘管如此，一些老師傅仍鍾情於竹篾獨有
的傳統味道，使用竹篾亦令戲棚更為美觀。[11]

自 1970 年代起，竹篾逐漸開始被尼龍篾（即膠篾）取代。據說
當時建築棚架行業遇上竹篾荒，一度令大量竹棚工程停頓。後
來，人稱「搭棚大王」的蘇汝成博士看見街邊清道夫用雙層膠帶
索緊垃圾拖行，於是靈機一動，嘗試以黑色尼龍篾搭棚，結果效
果良好。[12] 從此，香港棚業開始轉用尼龍篾，取代了成本高、易
燃、工序繁複的竹篾，為搭棚業帶來一次重大革新。由於尼龍篾
方便又安全，而且對於師傅紮作技巧的要求亦較竹篾簡單，[13] 因此
自 1980 年代開始，不管是建築棚架還是戲棚，均已全面使用尼
龍篾作為紮作材料。[14]

與竹一樣，現時屋宇署對於竹棚所用的尼龍篾亦有一定要求，需
確保它有足夠的強度和韌度，並且要堅實耐用，相關建議如下：[15]

11　口述歷史訪談，嚴順利先生，2022 年 9 月 5 日。

12　〈搭棚大王研發「霹靂棚」省 75% 人手〉，《經濟日報》，2014 年 2 月 26 日。

13　口述歷史訪談，嚴順利先生，2022 年 9 月 5 日。

14　據嚴順利師傅所述，戲棚業大約於 1970 年代末至 1980 年代初已全面轉用尼
　　龍篾。

15　屋宇署：《竹棚架設計及搭建指引》，頁 4：https://www.bd.gov.hk/doc/tc/
　　resources/codes-and-references/code-and-design-manuals/GDCBS_c.pdf，擷取
　　日期：2022 年 11 月 18 日。

每條尼龍篾的極限強度，應不少於 50 公斤或 0.5 千牛頓（kN），一般闊度為 5.5 至 6 毫米，一般厚度則在 0.85 至 1.0 毫米之間。

鋅鐵片

傳統戲棚以棕櫚葉、茅草、葵草或藤蓆等蓋頂，透風之餘，亦富美感，但這些物料卻十分易燃，香港開埠初期不時有關於戲棚火災的記錄。直至 1956 年，政府發佈有關戲棚搭建的新規例，規定戲棚上蓋禁止使用易燃物，於是搭棚師傅開始尋找防火物料取代。除了現今常見的鋅鐵片以外，防火帆布也是當時的考慮之一，[16] 但由於布質密不透風，較為焗熱，演出者與觀眾都不太喜歡，因此香港戲棚以鋅鐵片蓋頂，一直沿用至今。[17] 事實上，數十年前香港各區遍佈寮屋，對鋅鐵需求極大，吸引了外國公司到港銷售高質素的鋅鐵。隨着社會發展，現時只有少數行業會使用鋅鐵，在需求大幅下降下，外國公司也撤出了香港市場，棚廠因而只能用質素較低的鋅鐵，雖然價錢相對便宜，但容易生銹與損壞。[18]

16 最初在 1956 年修改戲棚規例的時候曾有報章指出戲棚上蓋只准採用帆布，至於棚業何時正式轉用鋅鐵片已不可考，見：〈神功戲與戲棚〉，《華僑日報》，1956 年 3 月 28 日。

17 鄭子璿：〈澳門非遺搭棚工藝 —— 戲棚〉，《居業》，2020 年第 5 期，頁 60：現時澳門仍會搭戲棚演戲的神誕有四個，分別為土地誕（農曆二月初二）、北帝誕（農曆三月初三）、媽祖誕（農曆三月廿三）及譚公誕，這些戲棚的上蓋均以防火帆布為主，而非香港常見的鋅鐵。

18 口述歷史訪談，張雪英女士，2022 年 5 月 12 日。

一卷卷的鋅鐵片

除了上蓋以外，鋅鐵片亦會用於戲棚牆身。

正待鋪搭的完整木板

鋪搭木板後的舞台，可見木板之間幾乎沒有空隙。

木板

木板主要用作鋪設舞台及觀眾席。以往搭棚業非常着重於木材的
耐用性，因而採用較為名貴的厚身木板，不但成本高昂，師傅
使用起來也感到吃力。現在大多會採用「環保板」的木板，雖
然耐用度稍遜，但優點是成本低，材質較輕，卻又非常堅硬及筆
直。[19] 由於不同的木板在厚薄、軟硬、寬窄上始終會有些微差異，
舞台表面難免會有少許空隙與凹凸不平，又因為粵劇戲服的靴子
很高，演員在戲棚演出時都會份外小心。[20]

19　口述歷史訪談，陳煜光先生，2021 年 8 月 7 日。

20　優遊香港博物館 Visit HK Museums：〈【非物質文化遺產辦事處 —— 戲棚
搭建技藝 Bamboo Theatre Building Technique】〉，優遊香港博物館 Visit HK
MuseumsYoutube 網站 https://www.youtube.com/watch?v=nJNjvzrp4ks，擷取
日期：2022 年 11 月 18 日。

第二節　工具

戲棚搭建涉及的工具非常簡單，完全沒有任何精密的科學工具與儀器協助。常見的工具可大概分為三種：量度工具、搭建工具以及戲棚師傅的個人裝備。

工具	作用
量度工具	
軟尺	量度開棚、舞台、外圍等尺寸。
箱頭筆	在竹或杉上作記號顯示需要動工的位置，如紮篾、切割等。
搭建工具	
鐵線	紮緊鋅鐵片
鋸	鋸開竹杉，以幼齒鋸較佳。
鐵剪／剪鉗	剪開用作固定鋅鐵片的鐵絲
鈎刀	勾斷已紮好的篾，主要在拆棚時使用。
鐵刀（鐵批）	鑿開或撬開竹杉，通常在拆棚時或需要切割大杉時使用。
錐	將鋅鐵片穿孔
繩	一、從地下運送物料到棚頂； 二、臨時加固戲棚，將竹杉綑綁到其他建築，如電燈柱、九臂架等。
個人裝備	
厚手套	防滑及防止竹刺與木刺
腰帶	戲棚師傅需要長時間在高空工作，因此大多會掛上腰帶以隨身攜帶水及其他小型工具，如膠篾、錐、鈎刀、鉸剪、紅筆、鋸等。
長袖衣服、手袖	防曬

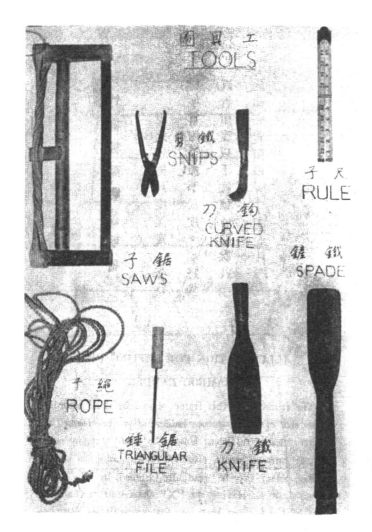

主要搭建工具（左起）：鋸、鐵剪、鈎刀、尺、繩、錘鋸（錐）、鐵刀（鐵批）、鐵鏟（現時已沒有使用）。（原圖來自何蘇：《中國棚業》，香港：何蘇記棚業工程出版，1971）

第三節　行業術語[21]

因各師傅祖籍有別，亦有其各自的師承，因此所用之術語會有所不同。以下記述的是現時常用的術語，相關位置或外觀可參考第三章第四節的圖片：

行業術語	說明
物料類	
針	竹
柱	杉
篾仔	以往指竹篾，現在主要指尼龍篾（膠篾）
結構類	
柱	垂直的竹或杉
暢	斜放的竹或杉

....

21　此節術語主要根據張雪英女士、嚴順利先生及陳煜光先生的口述歷史訪問整合而成。

（續上表）

軒	橫放的竹或杉
頸、攏頸、放光、呼吸頸、通光	戲棚上蓋通風、入光的位置。
後檐	後台的最後一幅牆身
旁寮	泛指戲棚最外圍的牆身
排柵	泛指以竹棚築成的牆身
中位	戲棚的尖頂位置
擋中	舞台上區分前後台的部份
棚朗	戲棚的外形
獅頭	舞台口、戲棚正面的牆。
批	棚頂上的三角形位
雞翼	舞台兩側外的牆身
打底	棚頂下橫放的杉木，以支撐戲棚的橫向力。
埋攏	從兩側旁寮向戲棚中央搭建打底的過程
柱類	
脊針	連結棚頂尖端至打底的竹杉
旁寮柱	旁寮最外面的柱
角頭柱	戲棚四角的大杉
中柱	後台正中央的柱，用作對準戲棚要面對的方位，整個戲棚僅有一枝。
梗針	連結打底至挑暢處的竹杉
生柱	臨時支撐用的杉木，最後會被拆走。
大檐柱	戲棚結構的主力柱
將軍柱	近戲棚正面入口的左右兩根垂直巨大杉木
暢類	
風暢	棚外斜架的杉木，主要作用是支撐卸下來兩邊的力，以及加強抵禦強風能力，故名風暢。
拍身暢	旁寮內側的暢
挑暢	打底上面用作承托棚頂重量的暢
虎華暢	於舞台左右，從地到棚頂的暢。
釣魚暢	連接着將軍柱的挑暢
尺寸	
井	計算戲棚面積時的量度單位，一井等於 10 英尺乘 10 英尺。
丁方	戲棚的外圍尺寸
倉	即兩側旁寮裏，杉與杉之間的距離，通常相隔 15 英尺左右。

第四節　工序

開井

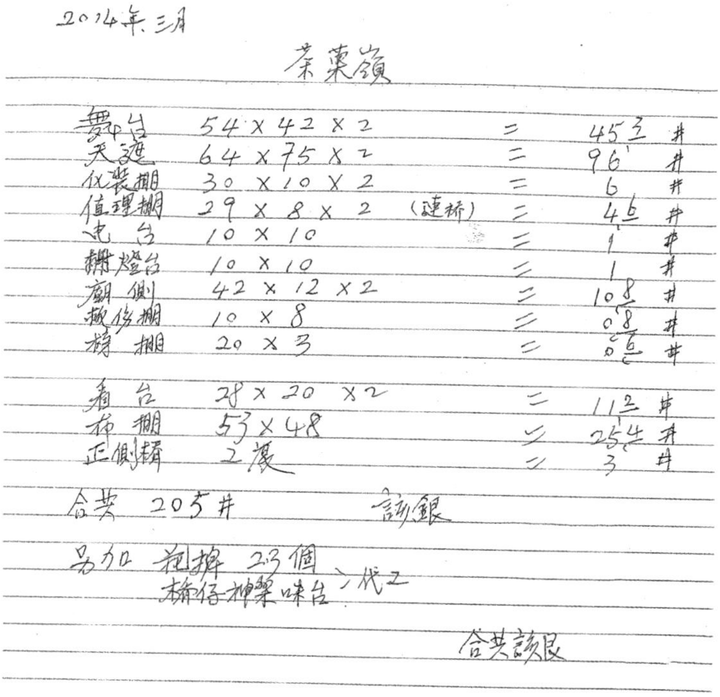

```
2014年三月
                茶菓嶺

  舞台      54 X 42 X 2        ＝    45.3  井
  天遮      64 X 75 X 2        ＝    96   井
  化裝棚    30 X 10 X 2        ＝    6    井
  值理棚    29 X 8 X 2 （連橋） ＝    4.6  井
  屯台      10 X 10            ＝    1    井
  棚燈台    10 X 10            ＝    1    井
  廟側      42 X 12 X 2        ＝    10.8 井
  撤修棚    10 X 8             ＝    0.8  井
  榜  棚    20 X 3             ＝    0.6  井

  看台      38 X 20 X 2        ＝    11.2 井
  布棚      53 X 48            ＝    25.4 井
  正側標    二層               ＝    3    井

  合共  205井        諗銀

  另加  祖掉 2.3個
        橋仔神棠味台  代工

                    合共諗返
```

地方組織籌辦民間宗教活動，先與棚廠東主商議戲棚與其他組件搭建的規模和價格。上圖顯示棚廠東主按照地方組織的要求，規劃搭建各組件的規模與尺寸，以舞台為例，搭建尺寸為 54 英尺（闊度）X42 英尺（尺深）X2 英尺（分別為頂部和地板），共 45.3井，再依照每井計算價格。

開棚儀式

祭地頭

此為搭建戲棚的必要儀式。每逢戲棚團隊到達一個新的戲棚場地，在正式興工前，都會舉行「祭地頭」儀式，即是在廟前與戲棚範圍裏的四角處燒衣紙和上香等，以拜祭神靈，祈求工作順利。

搭棚興工儀式

搭建醮棚的儀式比一般的戲棚隆重，除了平時的「祭地頭」外，搭棚師傅亦會參與主辦方舉辦的「搭棚興工儀式」。主辦方會事先擇定吉日良辰，然後通知建醮委員會、緣首和搭棚師傅於當天到場參與儀式。當日早上，搭棚師傅會在場地搭建一個竹紮三角架（亦有把已事先搭建好的運送至場地），然後在架上貼上長紅與興工大吉的紅紙，完成後參與者會奉上香燭祭品，參拜上香，最後再由搭棚師傅於場地範圍內燒衣紙與上香，為眾人祈福，祈求搭棚工作順利。

在興工當日或之前，戲棚搭建的負責人（或大師傅）會完成幾項預備工作：

一、確認尺寸及方位

戲棚可否直接朝廟而建是搭建戲棚的首要考慮，否則需要另外建立神壇。如可對廟而建，就需要由「中位」，即戲棚的尖頂位置將戲棚分半，棚身必須與廟宇形成一直線，讓戲台正向神位，寓意演戲予神祇觀看。倘若戲棚不能面向廟宇，則需另搭神棚，以請神出迎，實際位置由主辦方決定。一般而言，戲棚工程的負責人在興工首日會站在廟宇門前或正對的方位，指揮在場師傅確立

「後欄」（後台）與中柱的位置，然後再用尺仔細量度，準確勾勒出戲棚外圍的尺寸與方位。

二、觀察地勢是否平坦，後台位置是否有阻擋。

戲棚的搭建一般會由後欄開始，如果後欄有阻擋或該處需要預留位置讓運輸車傳送物料，則會改由戲棚正中央開始搭建。若場地的地勢崎嶇，如蒲台島需建於懸崖之上，則需事先建立地面平台，然後才按正常程序興工。

三、工作分配

搭建戲棚的技術複雜，體力需求極大，基本上不可能由一人獨力完成，因此戲棚業非常講求團隊合作，一般戲棚團隊的分工如下。

新人、資歷較淺者：搬運物料、在地面處理簡單紮篾工作，師傅會不定期考核新人的紮篾功夫及對戲棚的了解，獲師傅認可後始能上架工作；從學徒晉升為師傅一般約需三年。

師傅：稱得上戲棚師傅的都必須擁有全面的能力，能搭建戲棚任何部份，從地面紮篾、搭建棚頂、建造地台以及鋪蓋鋅鐵等都無一不曉；其實際工作一般由大師傅在現場分配。

大師傅：負責在地面監督整個戲棚工程、指導所有人工作以及傳遞物料。其中傳遞物料這項工作看似瑣碎，其實需要累積大量經驗方能勝任。戲棚每支竹杉的長短、厚薄、承托力不一，只有真正精通戲棚搭建技藝的大師傅才能根據實際情況準確地作出判決，分配所需物料予在場師傅。

戲棚主要結構的搭建工序

完成上述的預備工作後，戲棚團隊就會正式展開工程，一般搭建的次序為：

後檐 → 旁寮 → 天遮及擔通 → 棚朗 → 舞台與觀眾席 → 蓋鋅鐵片 → 花牌及旗幟

與現代建築學不同，搭建戲棚的整個過程中都不會使用科學工具和儀器作出計算；相反，通過精密計算來搭建戲棚可說是近乎不可能。因為每支竹杉的大小、厚薄、長短等都不盡相同，即使看似完全平滑的場地表面，也會出現輕微的傾斜設計以便排走雨水，[22] 因此搭建戲棚基本上是依靠師傅的經驗來處理各種變化萬千的狀況。戲棚每一支竹杉均有其承托力與作用，戲棚頂部是經由挑暢、拱型竹杉等將重量分散四方。除了戲棚自身的重量以外，由於香港一年四季都有機會遇上強風，因此戲棚師傅往往都需要鞏固戲棚，以抵禦八號或更高的熱帶氣旋警告訊號的風力。不少師傅直言，戲棚最怕的就是風，每逢颱風期間都有機會把戲棚吹離原位甚至吹塌；要確保戲棚不至被強風吹倒，需要靠戲棚外圍的風暢牢牢的支撐着。

以下將以青衣真君誕及天后誕戲棚為例，說明戲棚搭建的各個工序。

22 〈元氣堂：勢將失傳　戲棚人生〉，《蘋果日報》，2013 年 3 月 4 日。

一、準備工作

青衣戲棚的興工正日，戲棚公司與師傅事先運竹到現場，量度大概尺寸與方向，以竹簡單紮好後台底部的尺寸，以及確定神棚的位置與面向。

二、後台

所有神功戲棚，若環境許可，基本上都會先搭建後檐，即後台最後面的牆，以方便確定尺寸以及計算受力位。整個戲棚的第一支杉是後場杉（角頭柱），然後在後台位置參照大會尺寸，如闊度、長度等，繼續搭建整個後台。通常後檐正中間會有一支杉，即「中柱」，主要功能除了是受力之外，也是作為整個戲棚的中點與廟宇形成一直線，以確立整個戲棚的方位予其他部份參照。

三、旁寮

搭好後台後，接着會搭建旁寮，即戲棚外圍的牆身（排柵），先搭建左右兩側，然後再搭建戲棚正面的棚身，此步驟可把戲棚整體大小作出明確界限。

四、豎立「大檐柱」

在搭好後台框架之後，就會開始豎立左右兩排「大檐柱」，亦即戲棚的主力柱，左右兩邊相隔約 10 至 60 英尺不等，視乎戲棚的大小而定。有師傅直言，這是搭戲棚中最辛苦的工作。首先大師傅會挑選較長、較大型的杉，然後其他師傅依着旁寮柱的位置豎立大檐柱。實際豎立方法是由一至兩位師傅壓緊杉的頭端，即欲豎立的位置，另一位師傅（通常為大師傅）則舉起杉的末端，開始向頭端方向前行，最後大檐柱就會豎立起來，其他師傅立即紮

緊大檐柱。

五、天遮與擔通

完成後檐與旁寮後，可開始搭建「天遮」（即戲棚上蓋）及「擔通」（即戲棚頂部）。戲棚師傅會分成兩組，各自從左、右兩側旁寮上方以竹或杉搭建橫樑，慢慢向中央延伸，直至兩邊接合，然後在橫樑之上搭建「天遮」及「擔通」。

六、打底

不少師傅認為，搭建戲棚最困難之處是在橫跨數十英尺[23] 的寬度中間不得豎一根竹杉作支撐。[24] 要做到這一點，關鍵是依靠大量彎曲成弓狀的竹枝或杉木橫樑，把棚頂的重量分卸到兩側。師傅會先搭建臨時柱子支撐橫樑中央，然後將橫樑兩邊同時向下紮緊，均勻受壓，以力學讓其自然屈曲，至搭建完成後才拆掉中間的臨時柱子，這個步驟與橫樑的竹杉同時被稱為「打底」。

完成打底後，就可開始搭建「挑暢」、「梗針」及「生柱」，以鞏固棚頂的重力。這幾個工序可以同時進行，也可以視乎地形、人手等更改工序，一般次序如下：

....

23　據張雪英女士所述，以往大型戲棚中央跨度只有 40 至 50 英尺，但隨着技術進步，戲棚師傅就開始將標準提高至 60 英尺，務求讓觀眾看戲時更加舒適以及提升美感。現時一般戲棚都以 60 英尺為標準，較小型的戲棚則會視乎尺寸而盡量將跨度做到最闊。

24　香港文聯：〈搭戲棚近 50 載，嚴順利師傅直言：這不只是一份工，一門手藝，更是一種沉甸甸的民間文化〉：https://shorturl.at/dGV78，擷取日期：2024 年 6 月 15 日。

1. 在打底處搭建梗針：由打底連結上棚頂的離地柱，與挑暢一同承受棚頂重量，卸向地面。

2. 在打底與梗針之間接駁挑暢：由打底連結上棚頂的挑暢，主要作用是承受棚頂重量，卸向地面。

3. 在打底、梗針與挑暢的基礎下搭建脊針：通常為在打底正中間的竹杉，用作連結棚頂尖端至打底，並與中柱、廟宇（或神棚）形成一直線。

4. 看情況在各位置搭建生柱：由於在此階段棚頂的主力結構尚未完成，所以師傅一般會在打底與擔通下豎起一支支臨時柱（即生柱），作用為臨時支撐戲棚頂部，避免擔通在搭建完成之前下塌或變形，待整體結構完成後全部拆除。

七、棚朗

即戲棚的整體外型，所謂搭好棚朗就是把戲棚的外型、支撐做好，把大部份臨時工作架及生柱拆走，簡言之即是把戲棚搭建至只剩下舞台、地台與鋅鐵片及其他裝飾的部份。

八、舞台與觀眾席

舞台

在棚朗完成後，師傅會搭建舞台，將高度、大小等規劃出來，然後鋪上木板。視乎如地形和環境此類實際需要，有時候亦會在搭建棚身時同步搭好舞台。

觀眾席地台

尺寸視乎戲棚大小與主辦方要求，若果是大型戲棚會刻意建造陡

斜的地台，以免後排的觀眾被前排阻擋視線，在搭好結構之後，
就可以蓋上木板。

九、蓋鋅鐵片、搭建花牌與掛上旗幟

鋅鐵片是遮蓋戲棚的主要物料，包括棚頂與棚身，主要功用是遮
風擋雨。然而，每當遇上風季或收到颱風吹襲的預報，戲棚團隊
會停止蓋搭鋅鐵片，因為鋅鐵片在強風下會吹至四散，不但浪費
物料，而且會引致危險。

蓋搭鋅鐵，首先要在鋅鐵片穿孔，並在孔中穿上鐵線紮實棚面的
竹杉，然後再於鋅鐵片表面搭建多一層竹棚以加固鋅鐵片。第一
塊鋅鐵片（即最底部的）的寬度是 3 英尺，然後其餘每塊以距離
兩英尺半向上鋪蓋，從底向上疊去，由下而上建構，便可以防止
下雨時漏水。

最後一個步驟是將主辦方提供的旗幟與花牌搭建在戲棚上，才算
大功告成。

十、拆棚

在整個誕、醮儀式圓滿結束後，戲棚師傅會隨即進場拆棚。這項
工序只需搭棚的三份之一至五份之一時間與人手便可以完成，一
般在數日內即可完工。拆棚的次序與搭棚完全相反，一般是先拆
卸鋅鐵片、地台與舞台，接着是棚頂結構、打底及大檐柱，最後
才是四邊棚架。拆棚的危險性極高，只要拆錯任何一支竹或杉，
都有機會造成塌棚或高空墮下等嚴重意外，因此每位師傅在拆棚
時都必須嚴格執行大師傅的指示，經驗較淺者，一般更不得參與
拆棚工序。

戲棚搭建技藝——主要技藝舉隅

豎立大檐柱

大檐柱在搭建之初必先豎好，以支撐整個戲棚的重量。

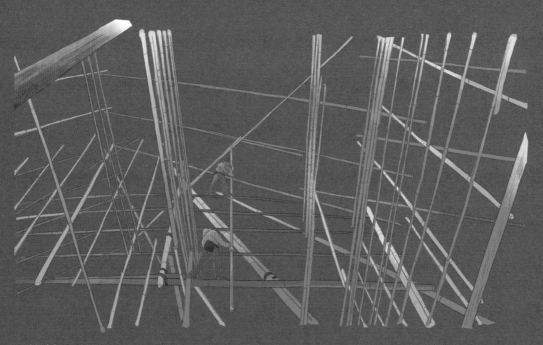

傳竹

竹材不斷從地面往上傳至需要搭建的位置。

紮竹杉

師傅在高空站穩，用篾紮竹杉，以固定棚架。

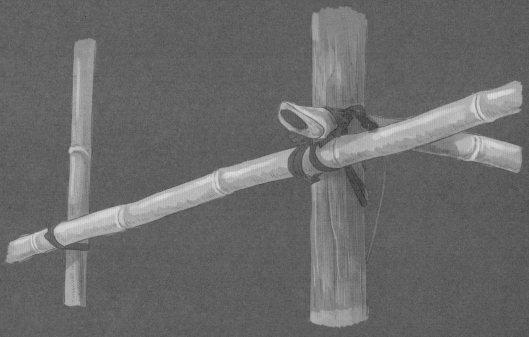

紮結

戲棚由數以千計的篾與竹杉紮結而成。

鋸竹

多餘的竹杉需鋸走，以美化外觀。

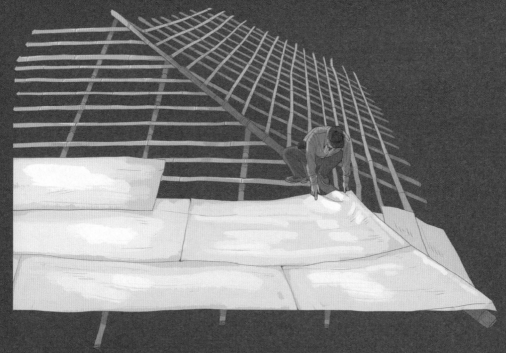

蓋鋅鐵片

在鋅鐵片的穿孔中穿上鐵線紮實棚面的竹杉。

鋪木板

師傅規劃觀眾席地台尺寸，鋪上木板。

青衣戲棚（2011 年）搭建工序

（由嚴順利提供）

一般戲棚豎立的第一支杉：後場杉（亦即角頭柱），師傅可根據尺寸完成後台餘下的部份。

接近搭建完成的後台

搭建完成的後台與正在搭建的左右旁寮

搭建戲棚的所有材料仍需依賴人手承托，以上為戲棚師傅以人手豎立大檐柱的過程：先托起杉的尾端，然後由兩至三位師傅壓實頭端，再慢慢往前推，直至大檐柱豎立起來。

正在搭建的旁寮，右邊一排杉木為大檐柱，杉與杉之間的距離稱為「倉」。與此同時，師傅會在外圍向棚身打斜搭建一支支大型杉木，原理是讓戲棚可以抓實地面，確保戲棚不會偏側或傾斜，這些斜放的杉木就稱為風暢。

戲棚正面入口的棚身，有師傅會稱此部份為「獅頭」。

從旁寮開始向中間「埋攏」，即兩側同時向中間搭建「打底」直接接合。

從兩側旁寮向中間搭建打底的過程，圖中可見一支支彎曲的竹杉，主要作用是將棚頂重量分散到兩側。

初步搭好的打底、挑暢、梗針、脊針及生柱。

完成打底結構後，就可以由旁寮外圍開始往上蓋頂，直至天遮與擔通成型。圖中戲棚的整體結構雖然已初步完成，但內部仍有不少臨時支柱及棚架等待拆卸，其中最重要的是戲棚中央的生柱，必須在完工之後全部拆走，以免阻礙觀眾看戲。

已搭好的棚朗

完成戲棚整體結構後開始搭建舞台

正在搭建的觀眾席地台

鋪蓋好木板的觀眾席地台

戲棚基本結構已完成，師傅正在鋪蓋鋅鐵片。

青衣戲棚（2023 年）搭建工序

戲棚師傅會先於神棚的位置紮好三角架，以確定戲棚中線與面向。

戲棚開始在舞台右方搭建第一支角頭杉。師傅首先會搭建三角架，然後在旁豎起大杉，加上與兩旁交叉的臨時杉作支撐。

師傅已初步界定好舞台的外型。

在界定好舞台的外型以後，師傅開始搭建「擋中」與「雞翼」。

舞台外圍結構已開始成形，擋中已具雛型。

在搭建舞台與擋中的同時，另一班師傅開始豎立戲棚正面的兩邊角頭柱。

當正面兩邊角頭柱已大致完成，就可以開始搭建旁寮柱及竹棚。一邊由戲棚正面的角頭柱開始向雞翼位延伸，另一邊則由雞翼位開始向正面搭，一般而言並無特別次序，師傅認為「順手」就可以。

從「雞翼」向戲棚正面開始搭建兩邊旁寮。

在初步搭好兩邊旁寮後，就可以開始正面的旁寮。

戲棚師傅在這時大概分為三個工作組別，一部份開始從兩邊旁寮向上延伸，另一部份師傅則搭建正面旁寮與入口，而餘下的就繼續處理舞台部份。

整個戲棚的旁寮已具雛形，下一步是豎立「大檐柱」。

左右兩排大檐柱是為戲棚的主力柱，通常是整個戲棚之中最長、最大型的杉，最少重達數十磅，因此不少師傅稱搭建大檐柱是戲棚中最辛苦的工作。

戲棚背面，已初步完成整個戲棚的外框與兩排大檐柱。

整個戲棚結構基本已完成，餘下臨時棚架未拆除，觀眾席、鋅鐵、正面花牌竹棚尚未搭建。

基本已完成整個戲棚結構。

舞台已基本完成，並已鋪上木板，只剩下少部份臨時支柱未拆除。

正在搭建的觀眾席，棚頂下的臨時柱仍未拆除。

戲棚背面、頂部的大部份位置已蓋鋅鐵，觀眾席亦已搭好。

戲棚正面

戲棚的觀眾席

第五節 戲棚的成品結構與種類

戲棚成品

一般而言，只要能夠貼合主辦方要求的尺寸和方位，而且結構穩固，便可稱為一個合格的戲棚。然而，現今戲棚師傅所追求的是結合美觀與實用的「藝術品」，戲棚搭建除了要有穩固的結構，還需要兼顧戲棚的美感，例如竹杉的分佈清晰整齊，結構一目了然；戲棚中央需橫跨 10 至 60 英尺（視乎規模而定），之間沒有任何竹杉阻礙觀眾視線；左右棚架的高低平均；舞台與地台鋪設平滑，避免凹凸不平等問題發生。

戲棚的種類

龍船廠

全稱為「四簷滴水攏頸龍船廠」，又名「龍船脊」，因外觀與昔日存放龍船的臨時竹棚相似而得名。一般常見的戲棚，都是以「龍船廠」的形式搭建，例如長洲北帝誕戲棚、潮州公和堂盂蘭勝會等。龍船廠的建築結構較為扁平低矮，搭建方法相對簡單，因此成本亦較為便宜，通常用作規模較小的神誕或盂蘭勝會，可容納數百至一千座位不等，亦有部份超過一千甚至二千人的戲棚會以龍船廠方式搭建，[25] 尺寸視乎主辦方要求而定，至於超過二千人的大型醮會，通常採用更高聳宏偉的大金鐘戲棚。

---

25 如青衣大戲棚可容納共 1,500 座位，見〈一連五天酬神 百檔攤販趁墟真君大帝寶誕 熱爆青衣〉，《香港商報》，2015 年 5 月 14 日。

龍船廠戲棚配置圖

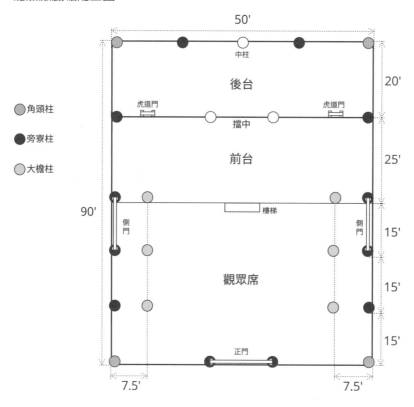

龍船廠戲棚平面圖 [26]

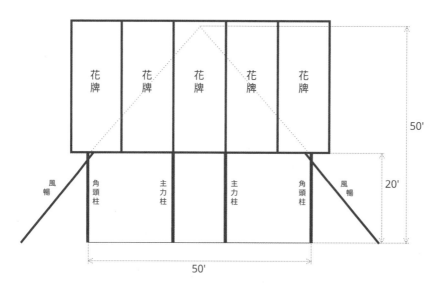

龍船廠戲棚正面圖 [27]

. . . .

26　由研究團隊根據受訪者嚴順利先生的口述資料製作,已經受訪者確認內容正
　　確。

27　同上。

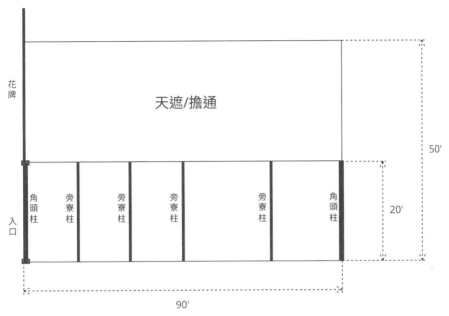

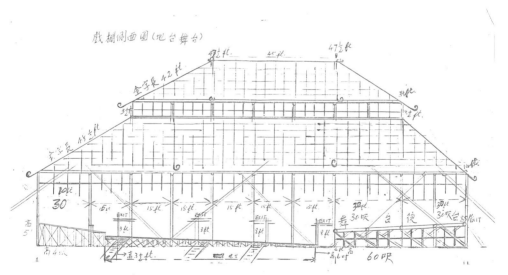

龍船廠戲棚側面圖[28]

戲棚側面圖（由張雪英提供）

28　同上。

石澳戲棚是典型的龍船廠戲棚

盂蘭勝會的戲棚相比神誕、打醮的較小型，一般都會採用龍船廠形式，圖為潮州公和堂盂蘭勝會。
（由嚴順利提供）

大金鐘

全稱為「四簷滴水攏頸大金鐘」，其特色在於頂部較為高大宏偉，整體外型就像銅鐘一樣，因此得名「大金鐘」。大金鐘通常為新界大型醮會所用，因其高聳突出的頂部，搭建工序會比龍船廠更為繁複，一般可容納二千座位或以上，2005 年及 2015 年錦田鄉太平清醮的大金鐘戲棚更可容納高達七千座位以上。偶爾亦有較小型戲棚以大金鐘形式搭建，例如東涌侯王誕戲棚便屬於小型金鐘戲棚，長、闊、高分別為 128 英尺、96 英尺及 50 英尺，只能容納數百人。

大金鐘戲棚配置圖

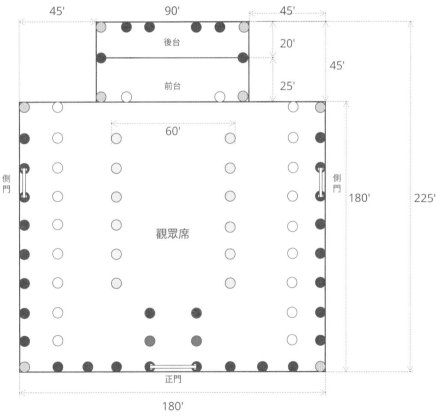

大金鐘戲棚平面圖[29]

第三章　戲棚搭建的技藝

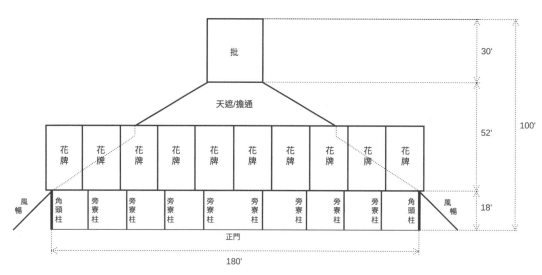

大金鐘戲棚正面圖 [30]

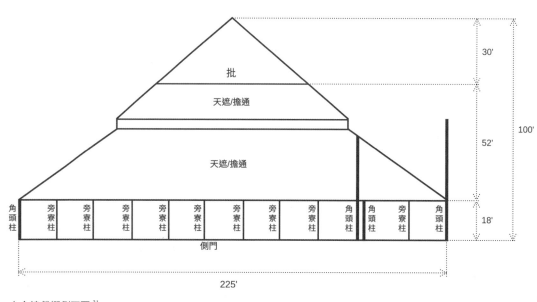

大金鐘戲棚側面圖 [31]

30 同上。

31 同上。

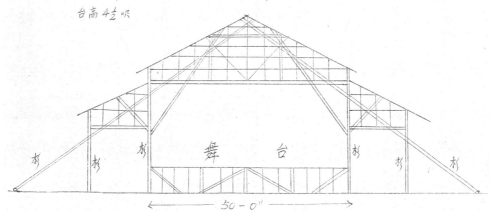

布袋澳洪聖誕演戲棚圖

上蓋鋅鐵用大竹小竹及杉架搭

台高4¾呎

杉　杉　杉　舞　台　杉　杉　杉

←——— 50 - 0" ———→

布袋澳洪聖誕戲棚圖則（由張雪英提供）

東涌侯王誕戲棚，少數會採用大金鐘形式搭建的小型戲棚。

東涌侯王誕戲棚內部結構

以下將以 2022 年東涌侯王誕戲棚為例，概述一般戲棚的內部結構。

戲棚側面的風暢十分牢固

將鋅鐵片穿孔後，以鐵線紮實

井井有條的竹杉結構

舞台中央的一排柱稱為「擋中」，主要用作區分前後台。

舞台正中央對準侯王廟

從觀眾席望向舞台，正中間沒有任何竹杉遮擋視線。

後排觀眾席的傾斜地台

棚頂內部結構，可見打底、挑暢、脊針、梗針等清晰分佈，至於兩層棚頂之間透光的部份就稱為「頸」。

第六節　香港戲棚搭建技藝的特色

特色

一、傳統南方竹棚建築

中國南方遍地竹林，例如雲南西雙版納是享負盛名的竹鄉，盛產多達數十種竹材，如毛竹、巨龍竹、金竹等，當地傣族便就地取材，並給合築棚技術，用竹搭建住屋及廟宇等建築物，當中的「傣家竹樓」更一直承傳至今，是為古代竹棚技術的活化石。從現今流傳的竹樓可見，古人或許已掌握非常熟練的竹棚技術，亦精通竹棚結構的力度分佈：竹樓主要是由大小不一和品種有異的竹搭建而成，竹與竹之間以竹篾綁紮，屋頂使用茅草鋪蓋（近年轉用瓦片），[32] 地板則以木材構成；此外，當地有許多村落居於山中，需要在高低不平的山坡地上建屋，因而發展了在崎嶇的地面上搭建竹棚的技巧。

香港的戲棚搭建技藝源自於中國南方地區如廣東省肇慶市、廣州市及廣西省等地的竹棚技術，因此不難發現香港的戲棚承傳着濃厚的傳統南方竹棚建築的特色，其外形、結構、大小、物料及搭建技術等都有很多共通之處。以傣族竹樓與香港早期的棚屋為例：首先這些建築都是繼承自中國原始的桿欄式建築風格，主要原因是南方潮濕、酷熱，因此需要架空房屋以達到通風、防潮的功用，而香港早期的戲棚亦多建有地台，通常會在地台與地面之

32　謝燕舞、小口、潘詩敏：《棚・觀・集 —— 關於竹棚、戲曲及市集文化的探索》，香港：藝述研究社，2010 年，頁 80。

雲南民族博物館展出的傣家竹樓
（圖片來源：Daderot，via Wikimedia Commons，公開使用圖像）

淺水灣一帶的棚屋，攝於約 1924 至 1929 年。（University of Bristrol 藏品）

間會架空數英尺。其次，竹樓與棚屋上蓋亦多用歇山式屋頂，與香港戲棚的棚頂相近。[33] 在技術層面上，戲棚亦繼承了隨建隨拆的特點，竹杉之間只以竹篾作固定，其好處是方便調整及拆卸以便維修。

33　同上。

第三章 戲棚搭建的技藝

二、靈活變通、因地制宜

由於香港的地勢崎嶇，可用空間有限，加上許多廟宇都建於海邊
或河邊等，因此搭棚師傅往往需要在極端地形搭建戲棚，造就許
多令人為之一嘆的戲棚，較著名的例子有蒲台島戲棚和山道戲
棚。此外，香港傳統風俗活動甚多，每場規模不一，一般神誕或
盂蘭勝會大概有數百至一千人參與，[34] 五年或十年一屆的大平清醮
的參與者更是成千上萬，[35] 因而需要因應活動規模而搭建各種大小
的戲棚。近年的大型戲棚有廈村鄉太平清醮戲棚（2004 年、2014

高達一百英尺的錦田鄉太平清醮戲棚，攝於 2015 年。
（由錦田鄉事委員會提供）

34　如青衣大戲棚可容納共一千五百座位，見〈一連五天酬神　百檔攤販趁墟真
　　君大帝寶誕　熱爆青衣〉，《香港商報》，2015 年 5 月 14 日。

35　〈元朗建醮盛大鋪張　大戲棚可容萬人〉，《華僑日報》，1953 年 12 月 10 日。

香港非物質文化遺產系列：戲棚搭建技藝

年）和錦田鄉太平清醮戲棚（2005 年、2015 年）。這些戲棚面積均超過三萬平方尺、可容納六千人以上，屬於香港有記錄以來非常罕見的巨型戲棚。[36]

香港與澳門戲棚比較

一、傳統戲棚

香港主要繼承嶺南地區的封閉式戲棚，此類戲棚的特色為以竹木搭建大型臨時建築，將舞台與觀眾席等部份全部籠罩在棚內，為表演者和觀眾提供遮光擋雨的空間。我們可從十九世紀的畫作和照片中窺探其面貌，如述及 1857 年《倫敦新聞畫報》中有關香港戲棚的報道，以及《媽閣廟外的戲棚》及《澳門戲棚內部》。從這些畫作中可見，當時港澳戲棚的規模非常大，整個棚身只靠竹木及竹篾紮作而成，以茅草、禾草、葵葉等做頂蓋，不論是外型或是技術上，均與二十世紀初的香港戲棚大同小異，如 1898 年的荃灣海壩村戲棚與 1910 年代的九龍戲棚。

然而，香港在戰後對於戲棚的規管漸趨嚴謹，加上時代及科技進步，因此香港的搭棚師傅對傳統戲棚的物料及外型都有不少改良。例如在 1956 年規定戲棚地台最多只可離地兩米，禁止在觀眾席搭建欄杆，不可使用任何易燃物如茅草作為戲棚上蓋等。在棚頂物料方面，防火帆布雖然符合要求，但相對較為吸熱，香

36　如錦田鄉十年一屆酬恩建醮 ──乙未年（2015）戲棚面積達三萬多英尺（180 英尺乘 200 英尺），棚高接近 100 英尺，足以容納七千人，見〈錦田鄉建醮盛會 一大三多〉，《香港商報》，2015 年 12 月 3 日。

港的搭棚師傅因而改以鋅鐵片做頂蓋，防火之餘，散熱能力相當高。至於在紮作方面，在 1970 年代以前，所有竹棚均使用竹篾紮作，但自 1970 年代末以後，棚業就開始轉用尼龍篾（或稱膠篾），既防火，成本亦低，因而同時被建築棚及戲棚業所用。

除了搭建物料以外，香港現時的戲棚比起以往還要注重美感，其中有行業老師傅認為自己一代所搭建的戲棚與上一代最大分別在於美感。[37] 以往的戲棚師傅不太注重齊整美觀，允許每條竹杉鴛鴦長短，參差不齊，只要符合結構安全、穩定就合格；但現在香港的戲棚師傅對於戲棚的美觀性可謂力臻完美，所有竹、杉都必需井井有條，竹與竹之間的角度、距離都要盡量一致，務求每個戲棚都體現力與美的結合。[38] 另一方面，以往戲棚中央的柱與柱之間只需相隔 30 英尺，但現在一般都會橫跨 60 英尺，雖然搭建的難度極高，但更為美觀，亦令觀眾的視線不被中間的杉木遮擋。[39]

二、現代澳門戲棚

澳門與香港均繼承自中國南方地區的戲棚搭建技藝，不論在外型或技術上均非常接近，如兩者同樣以竹杉搭成，紮作用的同樣是篾，規模同是可大可小。除此之外，澳門的戲棚亦與香港一樣可隨着不同的地形靈活變通、隨建隨拆，如雀仔園福德祠戲棚是在非常狹窄的環境下搭建，澳門譚公廟戲棚的舞臺和後台則伸延至海邊。

· ·

37 口述歷史訪談，陳煜光先生，2021 年 8 月 7 日。

38 同上。

39 口述歷史訪談，張雪英女士，2022 年 5 月 12 日。

澳門戲棚主要以帆布作上蓋（由澳門特別行政區政府文化局提供）

澳門戲棚歷史悠久，早在十九世紀已有圖像記錄媽閣廟天后誕的盛況，此傳統一直發展至今，並亦未停斷。與香港的戲棚搭建技藝不同，澳門是以「搭棚工藝」概括了澳門所有與搭棚有關的技藝，如花牌、牌樓、看台、泳棚、戲棚等，[40] 並於 2017 年正式被列入《澳門非物質文化遺產清單》。澳門至今依然會搭棚演戲的傳統節慶有土地誕（農曆二月初二）、北帝誕（農曆三月初三）、媽祖誕（農曆三月廿三）及譚公誕（農曆四月初八）。[41]

相比起現今香港所見的戲棚，澳門的戲棚主要有二大分別：一、澳門戲棚的棚頂結構採用了拱式建築技術及力學，以彎曲的長竹

40 〈搭棚工藝〉，澳門文化遺產，https://www.culturalheritage.mo/detail/101976，擷取日期：2023 年 5 月 24 日。

41 鄭子璿：〈澳門非遺搭棚工藝——戲棚〉，《居業》，2020 年第 5 期，頁 60、178。

澳門戲棚主要採用拱型棚頂結構，以彎曲的長竹從棚頂延伸至地面以分散重量。
（由澳門特別行政區政府文化局提供）

組成，以分散重量，香港戲棚的頂部結構則多以筆直的竹杉交疊
構成，兩者各具特色及美感；二、棚頂及棚身均以帆布遮蓋，香
港則採用鋅鐵片，以兩者作比較的話，帆布成本相對較低，搭建
簡易，但其散熱能力較差；至於鋅鐵片則成本較高，搭建繁複，
但其散熱能力較強，而且在沒有下雨的情況下，可以揭開部份鋅
鐵片透風，帆布則因為多是一整幅遮蓋，難以臨時揭開一小部
份，所以相比之下較為悶熱。[42]

小結

根據戲棚師傅所述，現時香港戲棚搭建技藝的精神、技術、所用
物料與搭建程序等，均與數百年前沒有太大分別，是為嶺南傳統

42　口述歷史訪談，陳煜光先生，2021 年 8 月 7 日。

技藝的活化石。雖然隨着時代改變,部份戲棚所用的物料亦因應環境與政策而作出改變,例如紮作用的竹篾改為黑色尼龍篾(即膠篾)、蓋頂用的茅草改為鋅鐵片等;但主要結構仍然是竹、杉等傳統物料。至於搭建次序方面,一般是從後台開始,然後延伸至四邊,再搭建頂部,最後是觀眾席與舞台細節,整個過程不用一口釘,僅以紮作技術與自然力學,便能鞏固整個戲棚。

另一方面,自戲棚搭建技藝在港落地生根,香港的戲棚師傅亦與時並進,在不少細節部份作出改良,當中尤其注重戲棚的美感。傳統而言,戲棚師傅只需根據主辦方要求的尺寸和方位,搭建出結構穩固的戲棚便可;然而,現時香港的戲棚師傅所追求的是結合美觀與實用的「藝術品」,除了結構需穩固以外,還需要兼顧美感的部份,例如竹杉的分佈必須清晰整齊、戲棚中央需橫跨數十英尺而中間沒有任何竹杉阻礙觀眾視線等。這種匠人精神,配合香港不同的獨特地形與地方組織需求,便發展出各個令人為之一嘆的戲棚,令香港的戲棚搭建技藝舉世聞名。

第四章

戲棚搭建的傳承故事

第一節　拜師和學藝

傳統師徒制的發展概況

戲棚搭建技藝早於十九世紀從廣府地區流傳至香港。早期廣府棚業主要透過師徒制傳承技藝，學師期一般最少三年，期間學徒沒有固定薪金，只收取東主所發的零用錢，僅足夠應付日常所需。[1] 學徒在學師期間，除了學習最基本的搭棚技術外，還需要兼顧大量雜務，俗稱「下欄工作」，例如每天早上要擔水、煮飯、燒水，飯後到工地協助搬運竹杉，在正午前必需為師傅預備好午餐，然後重複處理雜務，每日實際學藝的時間不多，通常到二更方可休息。[2] 不少學徒都未能長期承受這種艱苦的生活，寧願轉行做搬運工；即使能堅持下來，有些學徒學藝超過十年亦未能當上師傅。[3] 然而，搭棚業始終高薪厚酬伙食好，工資一般都比三行工人（泥水工、木工、石匠）更高，而且求過於供，不愁失業，[4] 因此無論學師生涯有多辛苦，仍然能吸引不少新血加入棚業。

早期香港棚業的運作延續廣府的師徒制，學徒往往需要通過非常艱苦的考驗才能得到學藝機會，而一般新人想投身搭棚業絕非易事，通常要經由熟人，如親戚或鄰里介紹予相熟的地盤師傅，鮮有透過公開招聘的方式吸納新血；有的在學師前需要繳交學師費

1　梁源口述；陳國康、霍家榮執筆：〈廣州搭棚業〉，《廣州文史資料》，第 31 輯，頁 208。

2　程宜：〈廣府搭棚藝術〉，《文化遺產》，2013 年第 4 期，頁 149。

3　梁源口述，陳國康、霍家榮執筆：〈廣州搭棚業〉，第 31 輯，頁 209。

4　同上，頁 211。

作為保證金，以免因學徒中途退出而招致損失。[5] 與廣府相同，學徒一般最少要學師三年，期間沒有工資，只有師傅所發的零用錢，亦經常承受師父的打罵。由於棚業圈子甚小，同行東主基本上拒絕接收學師失敗的學徒，而且滿師後亦必須於香港唯一的棚業聯會註冊後才可以得到工作，[6] 所以學徒縱然面對各種艱辛也任勞任怨，深怕得罪師傅與行內人士。事實上，在三年的學徒生涯中沒有多少機會學習手藝，大都是負責打掃、煮飯等工作，就算到工地只能傳遞材料，不能參與實際的搭棚過程。由於竹、杉等材料既長且重，運送工作非常考驗學徒的氣力、忍耐力與意志力。直至學師最後一年，學徒才有機會爬上棚架學習真正的搭棚技術。[7] 因此，大部份學徒都未能三年出師，往往都需要接受「補師」，即在三年後繼續跟隨師傅學習技術，直至獲師傅認同為止。

踏入 1940 年代，香港搭棚業學徒的待遇才有了明確規定。[8] 根據 1941 年港九搭棚同敬工會所訂立的工商合約，搭棚行業的學徒以三年為期，在學師期間可領工資：第一年為每月港幣二元、第二年為三元、第三年增至四元。此外，學徒如有要事回鄉，則需給予一個月假期，東主不能因此要求學徒補師，而在學師期間患病或因工受傷時，可當作普通工人處理，至於死亡將由東主助以喪

5　劉智鵬：《建造香港：方圓平直 —— 香港建造培訓四十五周年發展歷程》，香港：中華書局（香港）有限公司，2020 年，頁 22。

6　Dan Waters, "The Craft of the Bamboo Scaffolding". *Journal of the Hong Kong Branch of the Royal Asiatic Society*, Vol. 37 (1998): p. 22.

7　何佩然：《班門子弟：香港三行工人與工會》，香港：三聯書店（香港）有限公司，2018 年，頁 150。

8　何佩然：《班門子弟：香港三行工人與工會》，頁 150。

葬費。[9] 1948 年，港九搭棚同敬工會與香港棚業總商會訂立了新合約，為棚工爭取更多福利，至於學徒在薪金方面，則上升至第一年月薪十元、第二年十五元、第三年二十五元，同時亦規定如學徒在學師期間患病，東主需要負責醫理，如因工受傷或斃命，需按照普通工人補恤法處理事故（見 1948 年合約）。[10]

搭棚同敬工會　香港棚業總商會

在勞工署訂定合約

（一）搭棚散工每日工價銀七元八毫伙食由東家發給

（二）搭棚月工照現值工價一律加工價百份之五十伙食由東家發給

（三）凡屬搭棚散工月工童工每人每日由東家發給魚菜銀壹元以作叁餐魚菜之用油鹽柴米由東家發給農曆每月初一十五由東家另供早粥初二十六為禡祭之期每人是日晚餐另加魚菜銀六毫酒銀式毫如遇遠出工作伙食必須折銀者早膳每人壹元午膳每人壹元晚膳每人壹元五毫另每年由農曆四月初一日起至八月十五日止由東家每天每人另發下午三點鐘食粥銀壹毫食粥時間仍以不超過壹十五分鐘為度

（四）工作時間凡搭棚工人每日由上午七時開工九時品茗（不能超過半點鐘）十二時食晏下午壹時返工五時離開工場收工如由工場返店乘車搭船之時間須要四十五分鐘者得於下午四時四十五分離開工場收工若由工場返店之路程在兩咪綫以上者並由東家發

9　同上，頁 174。
10　HKRS939-1-3. "Industrial Relations: Bamboo Scaffolding Trade", Hong Kong Public Records Office.

給車費（郊外例外）

（五）凡做搭棚月工以做足二十八天為壹個月如工人欲辭工者要預早壹個月通知東家如商號欲解工人之僱者仍要預早壹個月通知工人如工人在工作時間有怠工及違例等行為得由東家隨時辭退之其工金照原定月工價按日支給如月工無故停工一連超過三日者不能在東家處食宿

（六）凡童工學師以叁年為滿第壹年由東家發給月薪壹拾元第二年月薪壹拾五元第三年月薪式拾五元如學徒有緊事旋鄉以給假壹月為期東家不能要該學徒補師如學徒在學師期間患病要東家負責醫理如因工受傷或斃命照普通工人補卹法辦理

（七）如工人因工受傷要東家負責醫理在調理期內由東家發給工金仍以不超過三個月為限如工人每月工金在壹百元以下者每日照數給足如在一百元以上者上半期由東家給以工金半數下半期工金給足受傷工人要留醫院調理方能照上列辦法支取工金到出院時並須報知東家如已痊愈仍不開工者工金停止發給

（八）如工人因工斃命者應由東家盡其能力補卹仍以不小過式百五拾元為度如工人受傷離港後死亡者東家不負補卹賠償責任

（九）如遇有棚業工商間糾紛爭執事情發生應由工商兩會共同調解如仍不決者得呈請勞工處秉公辦理

（十）此合約於一九四八年一月十六日起發生効力至一九四九年一月十五日止其有效期間為一年

香港棚業總商會
香港搭棚同敬工會

自 1950 年代開始，搭棚行業的師徒制度開始出現變化。傳統學

徒的拜師對象是搭棚師傅,只會固定跟隨該名師傅學習搭棚技藝,但自 1950 年代起學徒的拜師對象則改為棚廠東主。雖然在拜師儀式上,學徒仍會行跪地敬茶之禮,在學師期間學徒則充當棚廠裏的廉價勞工,以換取工作及學藝機會,但真正傳授學徒技藝的是棚廠裏的資深搭棚工人,而並非棚廠東主。[11] 此外,棚廠東主會視乎學徒學藝的深淺程度而派發相應金額的工資,較快上手的學徒可獲得加薪機會。[12] 然而,直至 1970 年代以前,學徒除了學藝以外,仍需要負責大量雜務,[13] 在入行初期並沒有太多學藝機會,整體而言也是教少做多,師傅往往會要求學徒在旁觀察,然後自行思考和嘗試摸索搭棚方法。[14]

現代化制度的引入

1960 至 1970 年代,香港逐漸步入城市化階段,建造業急速擴展,導致建造工人數目嚴重不足。政府意識到傳統師徒制已不足以應付香港急速的發展,於是在 1965 年 9 月成立工業訓練諮詢委員會完善工業訓練制度,同時亦開始推動工業和職業教育,以確保建造業有足夠的人手應對龐大的工程項目。[15] 長久以來,竹

11 何佩然:《班門子弟:香港三行工人與工會》,頁 151。

12 劉智鵬:《建造香港:方圓平直 —— 香港建造培訓四十五周年發展歷程》,頁 24。

13 口述歷史訪談,陳煜光先生,2021 年 8 月 7 日。

14 〈【人物】訪談錄 45 年搭戲棚師傅 嚴順利後繼無人〉,《信報》,2017 年 3 月 7 日。

15 劉智鵬:《建造香港:方圓平直 —— 香港建造培訓四十五周年發展歷程》,頁 30‐31。

棚搭建技術在建造業界都佔有重要角色，不論是建築或維修等都需要利用竹棚，「搭棚」因此成為了建造培訓課程中首批開辦的公開招生項目之一。最早公開提供搭棚課程的是摩利臣山工業學院（1969 年成立），[16] 於 1970 年開辦「中國棚藝」[17] 的晚上短期課程，由著名的棚廠東主何蘇任教。[18] 完成該課程的學生可獲得證書，棚廠可憑此確認學員已掌握基本的搭棚知識與技術。此外，九龍灣建造業訓練中心於 1977 年落成，並於同年開辦一年制的「搭竹棚科」基本工藝課程，具有中三學歷並年滿十四歲者皆可報讀，學員完成課程後，須在工地實習滿兩年始獲發技工資格證明書。[19]

早期搭棚課程所教授的內容包羅萬有，並不局限於建造業相關的棚架，以摩利臣山工業學院的棚藝課程為例，講師何蘇於 1971 年出版《中國棚藝》一書，[20] 圖文並茂介紹課程所涵蓋的二十多個棚架的搭建方法，除了與建築相關的棚架外，還包括戲棚、表演台棚架、人行竹橋棚架等。何蘇祖籍廣東肇慶高要，十五歲到港學習搭棚技藝，三年後滿師成為搭棚師傅，於 1940 年代在港開設何蘇記棚業工程公司，其後任職於摩利臣山工業學院及九龍灣建造業訓練中心講師。何氏對社會貢獻良多，教導學生不遺餘

16　現為香港專業教育學院（摩理臣山）。

17　英文名稱為「The Craft of Chinese Scaffolding」。

18　Dan Waters, "The Craft of the Bamboo Scaffolding", p. 22.

19　劉智鵬：《建造香港：方圓平直 —— 香港建造培訓四十五周年發展歷程》，頁 40。

20　何蘇：《中國棚業》，香港：何蘇記棚業工程，1971 年，頁 7。

《中國棚藝》目錄。書中收錄了當時常見的棚架種類，除了現今仍流行的單幅招牌棚（4）、雙幅招牌棚（12）、戲棚（16、20、29）等以外，還包括部份現時已失傳的棚架種類，如「攬坭石竹排棚（爆石棚）」（27）[21]。值得注意的是，何氏把「戲棚」（16、20）與「中國戲棚」（29）分為兩種。
（原圖來自何蘇：《中國棚業》，香港：何蘇記棚業工程出版，1971。）

力，是推動香港棚業與建造業發展的重要人物。[22]

自建造業訓練局（1975）及職業訓練局（1982）正式成立以後，師徒制度可謂已逐漸消失於棚業之中，[23] 年青人一般都選擇報讀各個訓練機構的搭棚課程，當獲得畢業證書後，便可以向不同的棚廠尋求工作機會。然而在許多師傅眼中，這些證書或牌照只停留於理論層面，不能取代實踐經驗。[24] 與其他職業一樣，初入棚業的新人一開始已有固定工資和標準工作時間，並且在工作時能專注於與搭棚相關的職務，與昔日無薪工作並需兼顧大量雜務的情況大相逕庭。直至 1990 年代，建造業訓練局開辦的竹棚工藝科已臻完善，以 1996/97 年度為例，建造業訓練局每年共可訓練 60

21　口述歷史訪談，陳煜光先生，2021 年 8 月 7 日。
22　Dan Waters, "The craft of the bamboo scaffolding", p. 22.
23　何佩然：《班門子弟 香港三行工人與工會》，頁 151。
24　口述歷史訪談，陳煜光先生，2021 年 8 月 7 日。

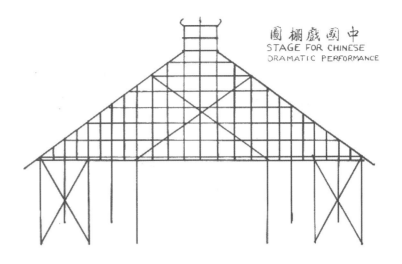

「中國戲棚」又稱廣州大戲棚，屬於大金鐘類型，早期香港亦有不少戲棚採用此種形式搭建。（原圖來自何蘇：《中國棚業》，香港：何蘇記棚業工程出版，1971。）

1910年代攝於九龍的戲棚，外型與「中國戲棚」非常相似。（SOAS藏品）

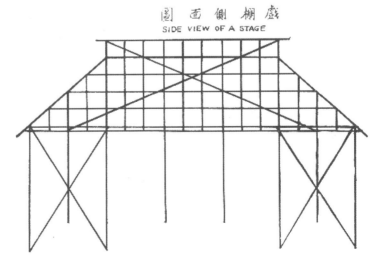

「戲棚」較為接近現今常見的中小型戲棚，屬於「龍船廠」形式。
（原圖來自何蘇：《中國棚業》，香港：何蘇記棚業工程出版，1971。）

個棚工，[25] 而旗下四所訓練中心提供共超過 796 平方米面積用於搭棚課程，[26] 為棚業培育了大量專業人才。

與此同時，香港正值急速城市化的階段，各區同步開展大量建造工程，對建築棚架的需求異常龐大，儘管上述各大學院仍會在竹棚與建造棚架課程中介紹戲棚搭建的基本概念與技巧，但其課程重心早已集中在建造業相關的棚架上。[27] 現時香港建造學院[28] 開辦的「建造棚架證書」，僅教授各種與建造業有關的棚架技術，如裝修排柵、施工用排柵、招牌棚架、臨時廠、雨棚及橋筏等，當中並不包括戲棚。[29] 由是經此等課程畢業的學生基本只懂得搭建建築棚架，而不諳戲棚搭建技藝。另一方面，許多棚廠在近年相繼轉型，改為專營相對較為輕鬆的建築棚工程，完全放棄戲棚的生意；對於棚工來說，只從事建造業相關的棚架已經有足夠的穩定收入，而且工作亦遠比搭建戲棚輕鬆，因此新一代棚工紛紛投身專營建築棚架的公司，由是新一代的棚工不論在學習上或工作上均沒有機會接觸到戲棚搭建技藝，最終導致戲棚業在近年出現青黃不接的問題。

25 Construction Industry Training Authority. *Proceedings of the International Conference on Construction Training*. Hong Kong: Construction Industry Training Authority, 1996, p. 50.

26 同上。

27 〈棚架課程　事業更上一層樓〉，《東方日報》，2014 年 9 月 8 日。

28 2018 年成立，前身為建造業訓練局。

29 香港建造學院：《承建商合作培訓計劃架構文件》，香港：香港建造學院，2022 年，頁 27-28：https://www.cic.hk/files/page/98/CCTS%20Framework_CHI_20221020.pdf，擷取日期：2024 年 6 月 15 日。

在師徒制與現代化制度之間

由於近年各大竹棚課程的訓練重點都在於建造業相關的棚架，[30] 因此即使是擁有正式牌照的建築棚師傅，亦不一定懂得搭建戲棚，現時對戲棚搭建技藝有興趣的新人只能直接加入戲棚公司成為學徒。[31] 雖然過往的師徒制已被淘汰，但戲棚業現時仍沿用傳統的方法傳藝，即要求學徒「邊做邊學」，從工作實踐中漸漸累積經驗，大約三年後再由師傅決定學徒能否達至「師傅」的水平；[32] 即使成功滿師，棚廠亦不頒授任何證書或牌照，如欲獲得一紙憑證，則需要循正式途徑自行考取。[33] 由於戲棚搭建技藝比起一般搭棚技術更為複雜，戲棚師傅對於搭建一般棚架大多駕輕就熟，對他們而言，兼職建築棚或考取牌照均沒有多大難度。然而，正因為戲棚搭建技藝非常複雜，學徒往往需要長年累月的時間才可以略有所成，不少人在第一年甚至第一個月已放棄學藝，也有的在掌握基本技藝後，選擇轉行到工作環境較為輕鬆的建築棚業工作。現時戲棚業面臨嚴重的人手老化問題。有些棚廠雖願意接納新人，由零開始教授，但工作時仍需要師傅在場不時指導與監督，所以

---

30 由建造業議會出版的《承建商合作培訓計劃（CCTS）》（2016 年）裏的建造棚架工訓練課程大綱中已沒有任何有關戲棚的授課內容，見：建造業議會：《承建商合作培訓計劃（CCTS）架構文件》，香港：建造業議會，2016年，頁 53-54：https://www.cic.hk/cic_data/pdf/training_development/for_new_practitioners/application_forms/eng/CCTS%20Framework%20CHI%2020160622(latest).pdf ，擷取日期：2024 年 6 月 15 日。

31 所需背景與年資視乎戲棚公司的要求而定，有些棚廠仍願意吸納新人，願意由零開始教授；有的棚廠則要求新人擁有數年建築棚經驗，並能向戲棚師傅證明自己已熟練搭建一般棚架後，方可成為學徒。

32 口述歷史訪談，陳煜光先生，2021 年 8 月 7 日。

33 口述歷史訪談，張雪英女士，2022 年 5 月 12 日。

同一時間內不能吸納太多新血。[34] 有棚廠則不太願意訓練毫無搭棚經驗的學徒，主要是因為新人不但會拖慢施工進度，而且會分薄師傅薪金，因此要求新加入的團隊成員須擁有數年建築棚經驗。[35] 在此消彼長的情況下，現時戲棚業正面臨青黃不接的問題，吸納新血的速度遠遠追不上師傅的老化速度。

戲棚搭建技藝的要求十分嚴格，基本上所有新人（包括棚廠少東[36]）都必須由低做起，按部就班學藝。戲棚業學徒最初主要負責在現場搬運材料，主要目的是訓練學徒熟悉每種材料的特性，同時亦要適應竹、杉的重量，邊做邊觀察場地的環境。此外，戲棚搭建亦比一般棚業更加講求團隊合作性，需要經常互相傳遞材料，例如在搭建棚頂時，需要多位師傅協力把竹杉與鋅鐵片傳遞予離地十多米的棚頂師傅縛紮。

經歷數月傳送材料的訓練後，學徒可開始學習紮篾，包括普通紮篾、十字篾及索篾等，必須熟練到在任何角度下都能把篾紮得牢固。儘管現今各大竹棚課程都有教導學生紮篾，並需要通過技藝測試才能畢業，但不少師傅卻認為學院的訓練不足以應付實際情況。畢業生即使有專業牌照，亦必須在工作實踐中繼續精進紮篾技巧；對於搭棚技術力求嚴格的戲棚業更要求所有新成員（包括本身已擁有多年搭建築棚經驗的師傅）從頭開始學習。[37] 基本上新

34　口述歷史訪談，陳煜光先生，2021 年 8 月 7 日。
35　口述歷史訪談，張雪英女士，2022 年 5 月 12 日。
36　〈戲棚父子兵〉，《太陽報》，2013 年 3 月 10 日。
37　口述歷史訪談，陳煜光先生，2021 年 8 月 7 日。

成員第一年每日的工作都是在現場搬運材料及練習紮篾,直至師傅們認為其紮篾技術達至一定水平,方可開始學習下一個工序。

當學徒的紮篾功夫獲師傅認可後,便可以開始學習「搭棚」。所謂搭棚,即是把一橫一直的竹縛紮,直至用數以百計的竹杉紮成縱橫交錯的「棚」。學徒首先由低層棚架紮起,熟習後就可以上架工作。搭棚業素有「空中練武」之稱,[38] 棚工在高空工作時需要全身並用,一邊以雙腳固定棚架,另一邊以雙手用篾縛紮竹杉。另外,戲棚的物料遠比一般竹棚重,每條杉木平均更達六十磅以上,[39] 學徒除了要掌握空中搭棚技巧外,還要擁有良好的平衡力與手力,對體力的要求極高。

當師傅認為學徒紮篾搭棚的技巧已達至純熟,會教授其有關戲棚結構、方向與力度分佈的知識,這需要累積長年累月的經驗才能完全掌握。一般而言,學徒在三年內能夠達至師傅級的水平已算很了不起,而所謂師傅即是能夠獨立處理戲棚搭建的任何部份而不需他人指導,甚或可以教導他人執行工作。至於大師傅即是有能力構思與設計整個戲棚,以及獨立完成戲棚搭建的工序的戲棚工程負責人。由於搭建戲棚並沒有設計圖則及固定的搭建公式,全憑師傅「以心為圖,以眼為尺」,即場設計戲棚總體結構與心算力學,至於棚架是否穩固與安全,亦依仗師傅的經驗斷定,並沒有任何「天書」可供參考。換言之,要成為戲棚大師傅一定要經過長年

38　梁源口述;陳國康、霍家榮執筆:〈廣州搭棚業〉,頁 269。

39　〈【香港非遺系列】搭戲棚技藝 乏繼承恐失傳〉,《香港商報》,2021 年 5 月 20 日。

累月的磨練，往往需要十年以上才能獨當一面，帶領團隊搭建戲棚。

第二節　棚廠東主及師傅的故事

一、張雪英女士 [40]

1967 年，張雪英女士與鄧偉薰師傅開設偉業棚廠，自此見證香港戲棚業的興衰。1970 年代為香港戲棚業的高峰期，行業競爭激烈，張女士憑着其親力親為、為商正直的優點，讓偉業棚廠平步發展，並一直延續至今。張女士現已年逾耳順，但仍一如以往熱心打理棚廠的大小事務，並希望戲棚搭建技藝可以一直繼續承傳下去。

張雪英女士於 1960 年代加入戲棚業。當時張女士於茶果嶺居住，該地每年於盂蘭勝會期間都會搭建戲棚上演神功戲，她在一次偶然的情況下認識了搭棚師傅鄧偉薰，後來二人結為夫婦。鄧偉薰師傅祖籍廣東東莞，其太爺創立搭棚家族生意，棚廠名為正利棚廠。鄧師傅與父親在 1950 年代到港發展，繼承祖業，以棚業維生。1967 年，鄧師傅與張女士二人自立門戶，開設偉業棚廠，當時戲棚業非常蓬勃，最少也有十多家棚廠經營戲棚生意，包括洪耀記、文世棚廠、震華棚廠、新華興棚廠等，競爭非常激烈。成立初期，偉業棚廠生意不多，從承接少量盂蘭戲棚工程開始經營，例如油塘灣、茶果嶺等。當時偉業以價廉物美為經營方

40　口述歷史訪談，張雪英女士，2022 年 5 月 12 日。本小節內容主要源自相同訪問，不另外標註。

張雪英女士

針，務求爭取更多生意，期間經歷了一段非常艱辛的日子。

為了節省成本，鄧師傅每次都會親自搭建承接的戲棚，許多時只會聘請日工協助工程，絕不會因為自己是棚廠東主而退居幕後。偉業棚廠早年聘用的師傅多來自肇慶、東莞、廣州等地，當中以肇慶師傅的技術最精湛，並往往認為其他地方的搭棚技術不如肇慶。雖然張女士本身並非搭棚師傅，但她每一次都會親臨現場協助工程，如幫忙紮鋅鐵片、與主辦方溝通等，從不缺席。偉業棚廠日子有功，逐漸建立了良好的聲譽，累積了不少人脈，持續開拓戲棚生意，例如西貢滘西洲、糧船灣及白沙灣等地。偉業棚廠一直秉持以誠實可靠為營運宗旨，無論任何情況，甚或虧損，都必定風雨不改，趕工交棚。有見及此，不少地方組織紛紛轉而委託偉業棚廠搭建戲棚，證明了偉業良好的工作態度得到回報。

時至今日，香港只剩下兩家專營戲棚搭建的公司，雖然競爭遠遠不及當年，但工作量卻因而大增，尤其是盂蘭勝會期間，全港數以十計的地方都會搭棚演戲，以現時戲棚業的人手，並不足以應

付所有戲棚需求，於是張女士於近年開始，主動建議地方組織改用金屬棚取替傳統戲棚。許多人以為金屬棚的引入會嚴重打擊棚廠的生意，但張女士卻認為金屬棚實際上可以大大減輕棚廠的工作壓力。事實上，近年許多盂蘭勝會已陸續轉用金屬棚，但其缺乏美感與氣勢，而且又以帆布圍邊，透風能力差；相反，戲棚則擁有濃厚的中國傳統特色與藝術，鋅鐵的透風能力亦遠較帆布強，基於種種因素，主辦方、演出者與觀眾仍希望沿用戲棚而非金屬棚。不過對於張女士而言，負責盂蘭戲棚的壓力實在太大，第一是全港各區盂蘭勝會都在農曆七月舉辦，棚廠人手根本不足以應付所有需求；第二是盂蘭勝會期間屬於颱風季節，若風力達八級或以上，就有機會出現塌棚的情況，而棚廠東主重新購買材料與補貼師傅趕工的成本不菲，甚至有機會出現虧損。若非與該主辦方有深厚交情、合作已久的話，張女士一般都會建議其他盂蘭勝會的主辦方直接轉用金屬棚，既安全快捷又便宜。

除了人手壓力以外，張女士認為經營戲棚生意時還需要面對三大問題。第一是戲棚的材料採購與保養成本非常龐大，亦需要付出昂貴的租金租用地方放置。其次是政府對於傳統戲棚的要求與申請程序愈發嚴謹，每個戲棚工程都需要受到屋宇署、消防處、食物環境衛生署和康樂及文化事務署等政府部門規管，例如政府人員會檢查戲棚的結構、防火通道、搭建過程會否破壞球場地面等等。相較之下，建築或維修棚架只需確保物料與結構安全就可，掣肘較少。第三是勞工保險的問題，由於保險公司將建築棚、維修棚與戲棚等搭棚行業當作同一保險範疇，所以戲棚棚工的保險費用非常昂貴，然而，戲棚業雖然看似高危，但實際上每個戲棚師傅都身經百戰，擁有多年高空搭棚經驗，加上新人往往不獲允

許上棚工作以及參與拆棚，整個程序均以安全為重，甚少發生意外；相反，建築棚等行業卻因為允許經驗尚淺的棚工上架工作，發生意外的次數與嚴重性均比戲棚業來得高。可是，保險公司並不會認真比較各個搭棚行業的異同而釐定相應的保費，導致戲棚業的保險費用負擔極重。

現時張女士與偉業棚廠內許多師傅已年逾耳順，早已萌生退休之意，新入行的人數亦遠遠趕不及行業的老化速度，近十多年來更有不少戲棚師傅轉行到建築棚業，戲棚業因而開始面臨人手短缺的問題。另一方面，年輕人初加入戲棚業的薪金與建築棚業相若，但兩者相比之下，建築棚工作環境較為輕鬆，工作時間穩定，亦可以避開惡劣天氣；然而，戲棚業只要定好交棚日期，就必須風雨不改地趕工，加上材料如木杉、大竹非常重，體力需求極大，於是現時幾乎都沒有新人想入行。當然，部份戲棚師傅本身亦不會主動招攬新人，因為照顧新人需要花費額外的精神與時間，或會影響搭棚進度，因此近年偉業棚廠並沒有吸納太多新血。

張女士認為戲棚搭建技藝是香港其中一個最具代表性的傳統文化，希望此技藝能繼續傳承。她對技藝的未來發展仍然感到樂觀，因為香港現時的戲棚業仍然是年中無休，求過於供，只要解決到人手問題，就可以一直承傳下去。

龍舟棚也是偉業棚廠的成品（張雪英提供）

偉業棚廠的工作團隊推動香港戲棚業的發展（張雪英提供）

嚴順利師傅

二、嚴順利師傅 [41]

嚴順利師傅擁有超過五十年搭建戲棚的經驗。早於 1970 年代加入戲棚業，只花數年時間便晉升為戲棚師傅。1977 年，嚴師傅建立團隊，接洽戲棚工程。他親身經歷戲棚業由高峰期慢慢步入 1990 年代至今的低潮期，見證着戲棚搭建技藝傳承所面對的挑戰。近年，嚴師傅接受不同團體的邀請，到世界各地搭建竹棚與戲棚，向外界推廣這門傳統技藝。嚴順利師傅的戲棚代表作有西貢天后誕戲棚、錦田鄉太平清醮戲棚（2015 年）、西九大戲棚等。

嚴順利師傅從小在石澳居住，當地每逢農曆新年和天后誕時，都會搭棚演戲。早在年幼時，嚴師傅已立志投身搭棚業，經常趁機在旁觀察戲棚搭建的整個過程，並會在無人看管時爬上棚架玩樂；後來更認識了負責搭建該地戲棚的黎錦棠師傅。1972 年，當時就讀中二的嚴師傅對戲棚的鍾愛與日俱增，對行業充滿憧憬，

41　口述歷史訪談，嚴順利先生，2022 年 9 月 5 日、2022 年 11 月 15 日。本小節內容主要源自相同訪問，不另外標註。

於是毅然輟學，經由黎師傅介紹到廣昌棚廠學師，由此正式加入棚業。

1970 年代，香港正值急速城市化階段，政府大規模發展新市鎮，建造棚架需求大增，所以不少棚廠不斷接洽建築棚生意。嚴師傅加入廣昌棚廠的第一天，獲安排到美孚新邨建築地盤工作。起初嚴師傅並不能直接學習搭棚技術，主要工作是到各區建築地盤如美孚新邨、香港中文大學、荃灣等派發搭棚材料，包括竹、杉、竹篾等；即使有機會於現場工作，也只能負責搬運物料。不過嚴師傅會趁機在旁觀察師傅的紮篾手法，並於空閒時，自己嘗試紮棚，慢慢精進技術。一年多後，嚴師傅發現自己對戲棚的鍾愛有增無減，他決心拜黎師傅門下，專心學習戲棚搭建技藝。嚴師傅認為戲棚搭建是一門藝術，建築棚的工作則千篇一律，與難度極高、變化多端的戲棚無可比擬。

在正式跟隨黎師傅以後，嚴師傅總算踏足戲棚業工作，但當時學徒不但需要負責搬運工作，亦需要兼顧燒飯、煲水等雜務，此外就只能負責一些簡單的紮篾工作。嚴師傅並沒有因而放棄，相反更願意由低做起，一直邊做邊學，從最初只能做雜務的學徒，只用了數年時間，已經成為了正式的戲棚師傅。直至 1977 年，嚴師傅自覺搭棚技術已非常成熟，可以接受新挑戰，於是建立起自己的固定搭棚班底，陸續接洽戲棚工程，而他第一個主導的戲棚工程是長洲北帝誕戲棚。當時嚴師傅雖然經驗尚淺，但有幸主辦方所給予的完工限期非常寬鬆，讓嚴師傅有足夠時間學習主導整個戲棚工程。最終工程順利完成，為嚴師傅日後的搭棚生涯打下強心針。

自嚴師傅領軍搭棚以後，一直年中無休，尤其是農曆七月盂蘭勝會期間，當時平均每個戲棚團隊在一個月內要搭建五至六個戲棚，壓力雖大但收入非常豐厚。好景不常，戲棚業自 1990 年代開始進入低潮期，各地傳統活動如打醮、神誕等，隨着城市化而驟減，直至近十多年許多盂蘭勝會更因為成本問題而陸續轉用金屬棚。嚴師傅雖然認同金屬棚有其安全快捷的優點，但同時亦失去了傳統戲棚的美感。

隨着近年傳統風俗活動銳減，戲棚業可謂逐漸步入黃昏，現時戲棚搭建技藝最大的傳承困難是人手問題。嚴師傅的團隊近年一直缺乏新血，最年輕的棚工都已年近四十歲，所以他常戲稱戲棚業是「文化遺體」，而不是文化遺產。儘管現時有新人願意入行，嚴師傅認為戲棚業已今非昔比，難以有效地承傳技藝，並指出當中兩大難處：

其一，收入不穩定。雖然戲棚師傅每日的薪金非常可觀，但現時社會對戲棚的需求遠遠不及其他棚架，尤其近兩、三年在疫情的影響下，整個戲棚業幾近停擺，收入極不穩定。雖然老師傅一般都有足夠積蓄，可以將停工日子當作假期休息，但當戲棚公司沒有工作時，年輕師傅或學徒必定會因為生計問題而兼職其他棚類工作，久而久之，更會直接轉行成為建築棚師傅。建築棚業不但收入相對較為穩定，而且工作上較為輕鬆。搭建戲棚無可避免要日曬雨淋，物料亦重，對體力要求極高，因此不少新人在考取棚工牌照後都會離開戲棚業。

其二，學藝時數不足。戲棚搭建技藝並沒有「天書」，新人往往

只能花時間慢慢領略，不斷從實踐中學習。不過現今每年戲棚搭建的數量與昔日差天共地，讓學徒缺少實戰的機會，工作時間不足大大影響了新人進步的空間。一般師傅起初只會教授簡單紮篾技巧，然後不定時會測試學徒手藝，達到標準後就可以再嘗試新工作，循序漸進，但說到底紮篾手藝再好，也僅是戲棚搭建技藝的基本功，即使是有多年建築棚經驗的資深師傅，初入戲棚業時一樣無從入手，因為戲棚結構與力學始終要靠經驗累積學習，若果工作時間不足的話，學徒根本沒有足夠時間與經驗浸淫與觀察，更遑論成為戲棚大師傅，帶領他人搭建整個戲棚。

儘管行業面臨不少難處，嚴師傅仍希望戲棚搭建技藝可以發揚光大，一直承傳下去。事實上，不少外國人都非常鍾情於這種傳統技藝，近年嚴師傅的團隊更受到不少外地組織的邀請，到各地搭建竹棚與戲棚，例如澳洲、台灣等，與世界各地交流香港的傳統文化。嚴師傅認為，香港本地對戲棚搭建技藝反而不及外國般重視，較少舉辦有關戲棚的大型活動。他建議香港政府可以提供場地，例如在中環、旺角等，搭建一個大型戲棚向公眾作長期展示。這樣一方面可以吸引外國旅客前往參觀，成為旅遊景點，另一方面亦可以推廣戲棚搭建技藝，為香港增光，讓全世界都可以認識與欣賞這門傳統技藝。

陳煜光師傅

三、陳煜光師傅 [42]

陳煜光師傅是搭棚世家的第四代傳人，逾四十年搭建戲棚經驗，現為樺堡工程有限公司東主及戲棚大師傅。1950 年代，陳父從寶安縣到港開設棚廠，陳煜光師傅在 1970 年代投身於戲棚業。身為棚廠少東的他，學藝時與一般學徒無異，從基本功開始學起，同時不斷創新，尋求機會改良所搭建的各個戲棚，務求令戲棚搭建技藝變為藝術。近年，陳煜光師傅熱心推廣戲棚搭建技藝，形式不限於訪問、講座或考察，他的兩位兒子亦着手繼承父業，共同努力傳承這門傳統技藝。陳煜光師傅的戲棚代表作有蒲台島戲棚、山道戲棚、三棟屋博物館戲棚等。

陳煜光師傅生於搭棚世家，是家中第四代傳人，搭棚祖業由曾祖父在廣東省寶安縣所創立。當時廣東一帶的搭棚業非常興旺，生意包羅萬有，例如戲棚、養鴨棚、養雞棚、龍船棚、牌樓等，令陳氏家族足以數代以搭棚維生。1950 年代，陳煜光師傅的父親從寶安到港開設棚廠，而到港後的主要生意來源是神功戲棚，大概佔了八成，其他竹棚工程（包括建築棚）約有兩成。

受父親的影響，陳師傅自小已有機會到不同戲棚見識，因而對於搭棚工作產生濃厚興趣，並在小學畢業後隨即加入家族的棚廠，

42 口述歷史訪談，陳煜光先生，2021 年 8 月 7 日、2022 年 11 月 11 日。本小節內容主要源自相同訪問，不另外標註。

於 1970 年代開始正式投身於戲棚業。陳師傅家中有幾兄弟，當時也跟隨父親的步伐加入戲棚業，後來同樣成為了戲棚師傅。隨着近年神功戲的數量銳減，家中各人的搭棚生意亦分道揚鑣，有的已經轉行經營地盤、維修等搭棚行業，只會間中參與戲棚搭建的工作，直至現時，只有陳師傅仍然經營戲棚公司。

投身戲棚業之初，陳師傅主要跟隨棚廠內的搭棚師傅學藝；間中亦會向父親學習戲棚的結構、力學等。與現時棚業漸趨專門化的情況不同，當時要成為搭棚師傅就必須精通所有棚架技術，包括戲棚、建築棚、養蠔棚等，所以陳師傅笑稱自己的出道歷程非常「幸福」，一來可以跟隨這些技藝超群的師傅學習，二來在學藝時已經不必兼顧日常雜務。

陳師傅的學藝過程基本上與現時的學徒分別不大，第一步必先要掌握紮篾，除了紮得牢固外亦要精通在任何角度下的紮法。第二步是學習搭建簡單的竹棚，最初只能搭建地面部份的棚架。通常頭一兩年都是重複這些相對簡單的工作，直至師傅認定學徒能夠做好棚架之後，就會開始教授戲棚的力度分佈，如何處理搭竹的先後次序。最後，學徒自己必需經過長年累月的訓練才能掌握戲棚搭建的力學秘訣，往往需要十年或以上才能獨當一面，帶領團隊搭建戲棚。

戲棚業在 1980 年代漸走下坡，相反近數十年來香港的建造工程需求一直持續高企，在此消彼長下，不少棚廠早已轉型，專營建築與維修棚架生意，直至現時只剩下兩間棚廠會經營戲棚工程，人手短缺問題非常嚴重。另一方面，對於新人而言，建築棚與戲

蒲台島戲棚，攝於 2023 年。

棚的薪金相若，但兩者的辛苦程度卻差天共地，因為搭建戲棚比較體力化，非常辛苦；而建築棚就相對較為輕鬆，大多數都可以避開陽光猛烈或下雨的地方，但搭建戲棚時，除非天氣真的極端惡劣，否則必需長期日曬雨淋，再加上戲棚業所用的材料遠比建築棚的重，例如大杉、木板、鋅鐵等，體力需求十分大。由是近年入行的棚工都傾向加入較為輕鬆的建築棚，在缺乏新血的情況下，自然愈來愈少人承傳戲棚搭建技藝。

從現時情況來看，戲棚搭建技藝承傳的最大困難是人手短缺問題，近年戲棚業的新血仍是寥寥可數，真正特別有興趣鑽研戲棚搭建技藝更加少之有少，所以近年平均每一百個新入行的僅有一個成功，成為正式的戲棚師傅。現時陳師傅的棚廠內，新人多數由熟人介紹，雖然這些學徒最後大多都沒有加入戲棚業，但許多已掌握了戲棚搭建技藝的基本概念與技術，間中亦願意主動抽空兼職幫忙，陳師傅認為這樣已成功播下種子，這些新血日後或會全職投入戲棚業工作。因此，凡是有心學習戲棚搭建技藝的，陳師傅都來者不拒、悉心教導，只要願意虛心學習就可以。不過，

陳師傅亦不主張同時間有太多新人加入，因為如果學徒人數過多，師傅就會兼顧不了，結果把時間花在教導學徒上，不能專注於搭建工作，而根據陳師傅的經驗，每十個戲棚師傅最多只能帶領兩個新人。

雖然現時戲棚業面臨嚴重的行業老化問題，但陳師傅對於戲棚搭建技藝的前景仍然非常樂觀，估計未來幾十年仍有一定發展空間，始終香港對於神功戲棚仍有一定需求；在 2019 年新冠疫情前，戲棚業仍然年中無休，生意興隆。另一方面，雖然經常有報道指現時全香港懂得搭建神功戲棚的只有數十人，但其實這並非事實，當然仍在戲棚業工作的或許只有數十個師傅，但其實外界有許多棚工以往也是由戲棚業出身，只是他們現在已不願意回到這一行工作，寧願轉行到較為輕鬆的建築棚。據陳師傅估計，現時香港最少仍有超過一百人以上懂得搭建戲棚，只要有部份能夠重返戲棚業，就能紓緩人手短缺的問題。此外，陳師傅亦樂見近年不少建築棚師傅開始對傳統文化產生興趣，開始學習搭建戲棚，亦有些戲棚師傅的下一代跟隨父親步伐，加入戲棚業。例如陳師傅的兩個兒子，一個已成為正式的戲棚師傅，而另一個主要負責棚廠的行政工作。

小結

每逢神誕、太平清醮或盂蘭勝會，香港不同族群如本地宗族、廣府、潮州、海陸豐或水上人等籌辦各式各樣宗教儀式及神功戲，戲棚搭建技藝亦因應神功戲的興盛而得以一直傳承，經過多年發展後已成為香港文化的代表之一。現時，香港戲棚搭建技藝是華

人地區中保留得最為完整，不論在球場、斜坡甚或懸崖，戲棚師傅都能因地制宜，以全人手的方式搭建巨大的戲棚，充分表現傳統的建築智慧。隨着科技進步、全球文化日趨融合等因素影響，戲棚業的發展已今非昔比。可幸的是現存的兩家戲棚棚廠師傅仍抱持開放態度，對有心學習戲棚搭建技藝的人都來者不拒，希望令這門富有香港特色的傳統技藝得以一直承傳下去。

第五章

傳承與創新

第一節　戲棚搭建在現代的傳承

一、戲棚的文化價值

古代建築技術的活化石

戲棚搭建技藝歷史悠久，這種以竹木臨時搭建流動舞台的中國傳統技藝，最早可追溯至新石器時代的河姆渡文明，當時古人已掌握利用藤條綁紮加固木構建築的技術。直至漢代，竹棚技術更趨純熟，並創造出棚閣、露台與甲乙之帳等建築，已具現今戲棚的雛形。及後，歷經唐朝樂棚、宋代瓦舍勾欄等逐步發展至嶺南地區特有的封閉式竹戲棚，而箇中的精神、核心技術並無太大改變。至今香港的戲棚師傅仍然使用傳統技術搭建戲棚，包括原料、工具與紮作技術等，完全體現了古人的建築智慧，因此戲棚搭建技藝可謂中國傳統建築文化的活化石。

香港特色文化

有關香港戲棚最早的記錄出現於十九世紀，當時的戲棚與現在一樣以竹木結構為主，而棚頂及棚身則以葵葉、草蓆為主，整體上已初具現今戲棚的形制及規模。後來由於戰亂等因素，內地出現移民潮，許多棚廠東主與搭棚師傅從肇慶、東莞、寶安等地移居香港，並把他們的技術與香港本地的戲棚工藝相結合，在經歷數代傳承及改良後，最終發展成現在所見的戲棚形式。

雖然戲棚搭建技藝並非由香港地區所原創，但現時香港的戲棚搭建技藝卻是華人地區中保留得最完整的，亦很少地方會像香港一樣，用竹木搭建如此極具規模並且有蓋的臨時戲棚。而且，香港

搭建戲棚的地方亦顯示出隨建隨拆、靈活變通的特點，連懸崖邊都難不倒戲棚師傅，這項傳統技術往往會令不少外國旅客為之一嘆。[1] 香港旅遊發展局更以神功戲與戲棚作為香港旅遊的一個重要賣點，[2] 推廣予旅客。

集體回憶

1990 年代以前，戲棚神功戲乃是節慶活動中的時興娛樂，許多人在盂蘭勝會、慶祝節日或神誕的時候，都會一家大小去到戲棚看戲，場邊還有小食檔、玩具檔等，[3] 非常熱鬧，可謂一代香港市民的集體回憶。雖然現時粵劇已開始走進現代化戲院，例如戲曲中心便有着華麗與先進的設備，不論對於觀眾還是演員來說均十分舒適；相反，雖然戲棚在各方面的配置均甚為傳統，而且在夏天時也相當悶熱，但戲棚始終有着其獨特的文化價值，不論是看戲或演戲，每每都能夠感受到熱鬧氣氛與鄉村的情懷，這種互動性與人情味是現代戲院無法比擬的。[4]

1   〈搭戲棚師傅嚴順利　敬業樂業無悔入行四十年〉，《文匯報》，2017 年 3 月 3 日。

2   〈文青看過來！體驗粵劇文化的好去處〉，《香港旅遊發展局》：https://www.discoverhongkong.com/hk-tc/explore/arts/discover-cantonese-opera-in-hong-kong.html，擷取日期：2024 年 6 月 15 日。

3   劉靖之：《香港音樂史論：粵語流行曲，嚴肅音樂，粵劇》，香港：商務印書館（香港）有限公司，2013 年，頁 297。

4   優遊香港博物館 Visit HK Museums：〈【非物質文化遺產辦事處 — 戲棚搭建技藝 Bamboo Theatre Building Technique】〉，優遊香港博物館 Visit HK MuseumsYoutube 網站：https://www.youtube.com/watch?v=nJNjvzrp4ks，擷取日期：2024 年 6 月 15 日。

傳承的困難和挑戰

一、傳統文化在港的沒落

隨着科技進步、文化全球化等因素影響，現時年輕人相對較為熱衷於本地或西方流行文化而非傳統文化，神功戲、粵劇等早已成為次要娛樂；加上籌集資金和安排人手協助籌辦神誕活動非常困難，近年神誕、太平清醮及盂蘭勝會等傳統風俗活動數量因而大幅減少，令戲棚業開始步入低潮期。[5] 以盂蘭勝會為例，在 1969 年政府收到共五十個申請，至 1975 年更達八十多個，超過半數公共球場在該月不能用作正常用途；[6] 然而，自 1980 年代開始，因為年輕人對於傳統文化熱情大減，不再投入精力與金錢舉辦盂蘭勝會，令籌辦組織、村民或街坊的負擔驟然沉重，造成許多中小型的盂蘭勝會陸續停辦。[7] 直至現時，神誕、醮會等傳統風俗活動已比 1990 年代縮減百份之四十，[8] 許多值理會只能停止演戲，或已改於社區會堂上演，[9] 令戲棚業嚴重萎縮。

二、城市化的影響

自 1970 年代新界地區開始進入高速城市化階段，多個新市鎮逐漸落成，如荃灣（1959）、沙田（1973）、屯門（1973）等，使

- -

5　口述歷史訪談，嚴順利先生，2022 年 9 月 5 日。

6　黃競聰：《簡明香港華人風俗史》，香港：三聯書店（香港）有限公司，2020年，頁 158。

7　陳守仁、湛黎淑貞：《香港神功粵劇的浮沉》，香港：中華書局（香港）有限公司，2018 年，頁 81。

8　同上，頁 194。

9　〈搭棚成本升　演出費昂貴　神功戲場數廿年減半〉，《晴報》，2017 年 9 月 1 日。

城鄉界線逐漸模糊，在這種情況下，民間風俗的傳承受到城市化的巨大衝擊。在城市化下的戲棚主要面對兩大問題：一，土地不足，以往鄉村可供搭建戲棚的地方較多，規管亦較現在少；現時市區人口密集，可租用的地方少，規管嚴格，而且在租用康樂及文化事務署轄下的球場時需要注重場地保養，亦需面對阻礙市民運動、[10] 噪音過大等批評。二，環境保育的問題，傳統的戲棚文化習慣觀眾在場內一邊飲食，一邊看戲，附近每每有許多小食檔，但如此一來，會使用大量即棄餐具，影響環境。[11]

三、案例：青衣戲棚

青衣戲棚是青衣島上一年兩度舉辦傳統節慶活動的地點，每年農曆三月和四月，青衣體育會運動場上都會搭棚演戲，目的是慶祝真君大帝寶誕以及天后寶誕，其特色是兩個神誕會使用同一個戲棚，俗稱「一棚兩誕」。除了傳統活動如神功戲、瑞獸表演、抽花炮等，亦會在場內設立特色攤檔及近百個小食檔，售賣傳統食物如砵仔糕、蠔餅等，並引入大量外地美食，如台式小吃、流水麵等，每年均吸引不少年青人與旅客參與，成為島上一個融合現代與傳統的大型盛事。

然而，不少市民反饋，自青衣大戲棚成了熱門的旅遊景點後，便開始出現各種環境問題，尤其於活動過後，場地佈滿各類垃圾，包括發泡膠、塑膠食物盒、餐具、膠袋、膠樽等，這種情況一直

10 〈盂蘭節演戲借用球場 妨礙體育活動〉，《華僑日報》，1974 年 8 月 30 日。

11 〈送真君　迎天后　青衣兩大夜市垃圾堆積〉，《頭條日報》，2015 年 5 月 22 日。

持續了數年。[12] 直至 2018 年，「青衣島民」與「裸買運動」兩大民間組織聯合成立「青衣戲棚關注組」，以喚醒大眾對環保的關注，亦有不少團體開始到場協助負責監察現場情況、自發清理垃圾，以及提供租借餐具服務以取代使用即棄餐具，[13] 情況開始逐漸改善。

二、戲棚業的主要困難

人手短缺

人手短缺一向是戲棚業的主要問題，現時全港仍在工作的戲棚師傅不足五十人，而且一直缺乏新血，行業老化速度快，其主要原因有二：一是年輕人多數會選擇其他搭棚行業，如建築或維修棚，兩者與戲棚業初入行的薪金相差不遠，辛苦程度卻天差地遠，所以愈來愈少人加入戲棚業；第二是對棚工來說，搭建築棚或維修棚絕對遠比戲棚輕鬆。由於搭建神功戲棚需要長時間日曬雨淋，加上戲棚所用的材料遠比建築棚的重，例如大杉、木板、鋅鐵片等，師傅往往要在猛烈陽光和炎熱天氣下搬抬數十公斤重的竹杉，體力需求巨大，導致許多精通戲棚搭建技藝的師傅最終都選擇轉行，不再從事相關工作。

行業經營困難

除了人手壓力以外，現時經營戲棚公司還需要面對三個問題。第

12　同上。

13　〈【走塑者聯盟】抗青衣戲棚「垃圾山」 檔主街坊合力撐環保〉，《香港 01》，2019 年 5 月 5 日：https://www.hk01.com/article/325430?utm_source=01articlecopy&utm_medium=referral，擷取日期：2024 年 6 月 15 日。

一是戲棚所用材料採購與保養成本昂貴，亦需要租用龐大的地方放置；第二是政府對於傳統戲棚的要求與申請程序愈發嚴謹，戲棚的主要結構、防火通道、物料等多個方面都受到政府部門規管，相反建築或維修棚架只需要確保物料、結構及工人安全，所受的掣肘遠遠少於戲棚；最後是勞工保險的問題，保險公司將建築棚、維修棚與戲棚等搭棚行業當作同一個保險範疇，但由於前兩者發生意外的數目遠高於戲棚業，所以即使後者幾乎是零意外的行業，仍需要繳交高昂的保險費用。由是，近年經營戲棚生意可謂十分困難，結果從 2000 年前後大約有五家戲棚公司，一直縮減至現時僅存的兩家。

搭戲棚成本高昂

案例一：三門仔新村永久戲台

三門仔漁村歷史悠久，據說建村已逾百年，原址為白沙頭洲的三門仔（位於今日的船灣淡水湖內的一個小型島嶼），搬遷前村內漁民共有五百多人。[14] 1960 年代，為解決香港供水問題，政府開始於吐露港北面動工興建船灣淡水湖，並要求附近所有村民全數遷走以配合工程，其中包括三門仔漁村。最終，三門仔漁民選擇鹽田仔作為漁村的新址，並改名為三門仔新村。港府當時總共動用了七十多萬港元協助重建，新村亦於 1965 年落成，更在開幕禮中搭建戲棚，上演粵劇助慶。[15]

....

14 〈三門仔漁村昨隆重啟用〉，《香港工商日報》，1965 年 12 月 16 日。
15 〈三門仔新村昨舉行開幕禮　祁達處長剪綵演粵劇慶祝〉，《華僑日報》，
　　1965 年 12 月 16 日。

至於大王爺誕是三門仔漁村的重要活動，約在 1970 年代定例每年於農曆大年初二開台，同時慶祝大王爺誕與春節。初時戲棚搭在村內的學校對面，並會聘請戲班上演粵劇神功戲；然而，為了節省每年搭棚開支，村民在 1980 年代末期集資興建永久戲台取代傳統竹戲棚，可容納約一百五十個座位，一直沿用至今。[16]

案例二：大澳寶珠潭楊公侯王寶誕

大澳寶珠潭楊侯王廟建於康熙三十八年（1699），奉祀侯王楊亮節，而當地慶祝楊公侯王寶誕的傳統已歷史悠久，即使在日軍佔領香港時，物資短缺亦從來沒有中斷過，[17] 可見楊侯王在當地人心目中的地位。寶誕其中一個特色是寶珠潭楊公侯王廟與對岸戲棚之間的臨時水上竹橋，善信可以在往來其間之時，順道欣賞漁村的景色。據說早年的戲棚通常搭建於侯王廟前的空地，並延伸至水面搭台唱戲；但隨後則改為在廟宇對岸的空地，更在廟宇與戲棚間水面上搭建竹橋方便善信來往，成為了寶誕最大的特色之一。[18]

不過自 2015 年起，戲棚已移師至交通便利的龍田邨，竹橋亦隨着位置改變而消失，搬遷的主要原因是降低成本、方便長者就近拜神看大戲，以及吸引青年一族參與。大澳寶珠潭楊公侯王寶誕值理會代表指出，通脹是取消搭建竹橋的主要原因，此舉本身可以節省三萬元，再加上省去了運送戲服與舞台道具至對岸時的費

16　陳守仁、湛黎淑貞：《香港神功粵劇的浮沉》，頁 97。

17　〈大澳賀楊侯王誕　村民祈福納祥〉，《香港商報》，2015 年 7 月 30 日。

18　同上。

用，最後總共節省二十萬元。[19] 然而，部份大澳居民對於搬遷戲棚以及取消搭建竹橋深感遺憾，認為因而令寶誕失去了傳統特色。

三、各界的努力

1. 教育機構的努力

案例：香港大學 ——「戲棚粵劇教育及出版計畫」

香港大學教育學院中文教育研究中心自 2006 年起便一直致力將粵劇融入至中學課程之中，例如在 2006 至 2009 年間推出的「粵劇小豆苗 —— 粵劇融合中國語文科新高中課程及評估計劃」，在三年裏先後與十一所中學協作，受惠人數逾 11,000 人。[20] 2009 年，中心獲衞奕信勳爵文物信託撥款，開展了「戲棚粵劇教育及出版計劃」，[21] 目的是「讓學生從口頭傳統和表現形式、表演藝術、社會實踐、儀式、節慶活動以及傳統手工藝等方面，探索戲棚粵劇的文化空間，並將之與新高中正規課程結合，引導學生認識、欣賞、尊重粵劇文化，鼓勵他們認識粵劇作為本土非物質文化遺產，肩負起傳承與保育的公民責任。」[22] 最終，中心把此計劃的

19 〈大澳賀楊侯王誕　村民祈福納祥〉，《香港商報》，2015 年 7 月 30 日。

20 〈香港大學粵劇教育研究及推廣計劃傳媒發佈會〉，香港大學網站，https://www.hku.hk/press/c_news_detail_6136.html，擷取日期：2024 年 6 月 15 日。

21 〈戲棚粵劇教育及出版計劃〉，衞奕信勳爵文物信託網站，https://www.lordwilson-heritagetrust.org.hk/tc/projects/project_listing/project_details/10-182.html，擷取日期：2024 年 6 月 15 日。

22 〈戲棚粵劇與學校教育〉，香港大學教育學院中文教育研究中心網站，https://www.cacler.hku.hk/hk/publication/books/bamboo-shed-cantonese-opera-and-school-education-from-cultural-space-to-learning-space，擷取日期：2024 年 6 月 15 日。

研究成果結集成《戲棚粵劇與學校教育 —— 從文化空間到學習空間》一書，包括多項戲棚粵劇文化的專題探究和實地考察，提供粵劇及非物質文化遺產融入中學常規課程的參考及方向[23]。

2. 藝術展覽、藝術品

案例一：「竹跡‧築跡」香港本土歷史建築展覽（2011）

「竹跡‧築跡」香港本土歷史建築展覽由發展局文物保育專員辦事處主辦，古物古蹟辦事處協辦，香港中文大學建築學院擔任展覽的策展團隊，主旨是希望將竹棚技藝這項別具香港特色的傳統文化介紹予來自世界各地的文化愛好者。[24] 展覽於 2011 年在九龍尖沙咀海防道九龍公園香港文物探知館專題展覽廳展出，包括多項有關竹棚的圖片、模型以及解說，例如竹棚的源流、香港常用的竹棚、戲棚文化等。最終，策展團隊把展覽內容與成果輯錄成同名書籍《竹跡‧築跡》，於 2013 年出版。[25]

案例二：香港建築師學會「島與半島」建築展覽（2019）

「島與半島」建築展覽由香港建築師學會主辦，首次於美國洛杉磯展出，最後返回香港在荃灣如心廣場舉行香港回應展。[26] 展覽目的是希望將香港建築特色帶到洛杉磯，嘗試比較香港與洛杉磯

23 吳鳳平、林偉業、陳淑英、盧萬方：《戲棚粵劇與學校教育 —— 從文化空間到學習空間》，香港：香港大學教育學院中文教育研究中心，2012 年，目錄頁。

24 〈「竹跡。築跡」展覽〉，古物古蹟辦事處網站，https://www.amo.gov.hk/tc/news/index_id_71.html?year=2011，擷取日期：2024 年 6 月 15 日。

25 鄭炳鴻：《竹跡‧築跡》，香港：香港中文大學建築學院，2013 年，頁 3。

26 〈ISLAND__PENINSULA 島與半島〉，ISLAND__PENINSULA 島與半島網站，https://zh.islandpeninsula.com/，擷取日期：2024 年 6 月 15 日。

兩地不同的都市形態，以帶出四個「香港式建築」的核心價值「魅
力」、「效率」、「秩序」和「幻變」及它們所衍生的香港建築方
法，[27] 而其中一樣展品，就是仿照蒲台島戲棚所製的巨大模型，向
大眾展出富有香港特色的懸崖戲棚及戲棚搭建技藝。

蒲台島戲棚模型由三位建築師所設計，包括劉永業、呂嘉兒及
葉淑欣，他們認為搭在懸崖峭壁的蒲台島戲棚是香港獨一無二
的傳統建築，可謂完美展現了展覽其中一個主題 ——「傳統技
藝之魅」。三位建築師在創作過程中搜集了大量資料，亦不斷向
搭棚師傅請教，最終花了共三個月才完成，而模型的比例是一比
五十，棚身逾二十件組件由 3D 打印技術完成，山崖部份則用紙
皮製造。[28]

模型在洛杉磯展出期間，不少外國人對於不用一口釘，只用竹、
杉和篾所搭建的戲棚深感好奇，非常欣賞這種傳統技藝。最終，
蒲台島戲棚模型經歷在洛杉磯、香港等地的展覽過後，三位建築
師決定將模型轉贈送蒲台島，安放於蒲台島村公所作長期展出，
讓公眾認識蒲台島的戲棚文化。[29]

27　〈建築師學會主辦首個洛杉磯展覽「島與半島」冀介紹香港建築特式〉，
　　《香港 01》，2019 年 9 月 1 日：https://www.hk01.com/article/369941?utm_
　　source=01articlecopy&utm_medium=referral，擷取日期：2024 年 6 月 15 日。
28　〈蒲台島懸崖戲棚展非凡手藝〉，《香港商報》，2021 年 5 月 12 日。
29　〈海外參展戲棚模型贈蒲台　建築師：劃上完美句號〉，《大紀元》，2021 年
　　5 月 12 日。

3. 政府的保護及推廣計劃

案例一：香港非物質文化遺產清單及代表作名錄

自 2006 年聯合國教育、科學及文化組織的《保護非物質文化遺產公約》生效後，香港政府便開始籌劃全港性非遺普查，以編製本港首份非遺清單。2008 年，特區政府成立非物質文化遺產諮詢委員會，並於 2009 年委聘香港科技大學籌劃全港性非遺普查，最終有關工作於 2013 年完成，而非遺諮詢委員會根據調查結果制定了一份包含四百七十七個項目的建議非遺清單。[30] 2013 年，特區政府為蒐集社會各界對建議清單的意見，展開了為期四個月的公眾諮詢，期間收到了十八區區議會、鄉議局以及多份由市民和團體提交的書面意見。其後，非遺諮詢委員會在參考了公眾意見後，將建議清單項目由四百七十七個增至四百八十個，並於 2014 年 6 月公布「香港首份非物質文化遺產清單」。[31]

2017 年 8 月 14 日，康樂及文化事務署公布首份「香港非物質文化遺產代表作名錄」（代表作名錄），涵蓋戲棚搭建技藝、長洲太平清醮等共二十個項目，目的是「為香港特別行政區政府提供參考依據，就保護香港非物質文化遺產（非遺），特別是具有高文化價值和急需保存的項目，在分配資源和採取保護措施時訂立緩急先後次序」，奠定保護非遺項目的基礎。至於代表作名錄甄選

---

30 〈香港首份非物質文化遺產清單〉，非物質文化遺產辦事處網站，https://www.lcsd.gov.hk/CE/Museum/ICHO/zh_TW/web/icho/the_first_intangible_cultural_heritage_inventory_of_hong_kong.html，擷取日期：2024 年 6 月 15 日。

31 同上。

準則詳列如下：[32]

- 項目已被列入香港非遺清單；

- 項目體現香港的傳統文化，具有重要的歷史、文學、藝術、科學、技術或工藝等價值；

- 項目具有世代傳承、活態存在的特點；

- 項目具有鮮明的族群／地區特色，或能顯示香港一般生活文化的特色，且為其中的典型；及

- 項目在社區有重要的影響，具有維繫社區關係的作用，為社區或群體提供認同感和持續感。

自戲棚搭建技藝被列入代表作名錄以後，便開始能以香港非遺代表的身份進入大眾視野之中，當中包括了一系列的講座、展覽、課程及網上資源等等。例如在 2019 年，非遺辦事處和香港高等教育科技學院合辦「香港非物質文化遺產宣傳影片製作計劃」，製作多套介紹本地非遺的三百六十度虛擬實境影片，而戲棚搭建技藝則以西貢白沙灣觀音誕戲棚的完整搭建過程為示範，讓大眾隨時隨地都可於網上以多角度欣賞戲棚師傅的手藝，以加深對

32 　同上。

西貢白沙灣戲棚，攝於 2014。（由香港特別行政區政府提供）

於戲棚搭建技藝的認識。[33] 非物質文化遺產辦事處（非遺辦事處）
自 2019 年推出「非物質文化遺產資助計劃」（資助計劃），透過
資助計劃的「社區主導項目」資助一些傳統節誕如天后誕、太平
清醮、觀音誕和洪聖誕等時，有資助相關傳統戲棚的搭建；非遺
辦事處也透過資助計劃的伙伴合作項目邀請學術機構研究傳統戲
棚搭建技藝及出版專著。

案例二：「戲棚粵劇齊齊賞」

「戲棚粵劇齊齊賞」是康樂及文化事務署自 2009 年推出的周年活
動，主要以拓展觀眾層為出發點，以學生為主要目標對象，至今
已舉辦了超過十屆。本計劃所參觀的戲棚地點遍佈全港，包括河
上鄉戲棚、西貢蠔涌戲棚、茶果嶺戲棚等，上演粵劇節目及籌辦
多項互動活動，包括粵劇基本功示範、水袖、靶子表演、樂器介
紹，以及由教授及師傅等專業人士講解戲棚建築的講座等，以鼓
勵市民大眾欣賞及支持粵劇，藉此推廣戲棚的特色與中國傳統文

33　〈【非遺系列】戲棚搭建技藝 360° 影片〉，政府青少年網站，https://
　　www.youth.gov.hk/tc/cultural-and-leisure/stories/detail.htm?content-
　　id=2395795&section=CLA，擷取日期：2024 年 6 月 15 日。

2015 年，沙田九約太平清醮戲棚舉辦「戲棚粵劇齊齊賞」，上演粵劇折子戲。
（由香港特別行政區政府提供）

化藝術，加深師生對粵劇及中國傳統習俗和祭祀的認識。[34] 此計劃多年來一直反應熱鬧，但直至 2021 年，為避免與西九文化區戲曲中心籌辦的粵劇教育計劃重疊，觀眾拓展辦事處暫停舉辦戲棚粵劇齊齊賞，並將資源調撥至其他計劃。[35]

案例三：「太平處處是優場 —— 維園粵劇戲棚匯演」

「太平處處是優場 —— 維園粵劇戲棚匯演」是康樂及文化事務署推展 2023 年中國戲曲節的壓軸節目。此活動更特別安排於維多利亞公園舉行「癸卯年中秋綵燈會」期間，在足球場搭建傳統戲棚，籌辦十二場公開演出、十二場供學生參與的導賞演出，另設

「太平處處是優場 —— 維園粵劇戲棚匯演」，攝於 2023 年。

34　〈戲棚粵劇齊齊賞 互動學習娛樂教育兼備〉，《明報》，2010 年 4 月 26 日。

35　財務委員會：〈二零二一至二二年度開支預算審核，管制人員對財務委員會委員初步書面問題的答覆〉，文件編號：HAB159：http://sat.hk.space.museum/en/common/images/en/doc/2021/HAB159C.pdf，擷取日期：2024 年 6 月 15 日。

香港非物質文化遺產系列：戲棚搭建技藝

介紹粵劇戲棚文化的講座、展覽及專為建築系學生而設的戲棚導賞團。[36]

第二節　戲棚搭建的思維和創新

香港戲棚是繼承自嶺南地區特有的封閉式竹戲棚，最少已有一百五十年歷史，[37] 但箇中的精神、核心技術並無太大改變，現時香港的戲棚師傅仍然使用非常傳統的技術搭建戲棚。自回歸以後，為了推廣香港傳統文化與戲棚搭建技藝，不少設計師、建築師主動聯絡戲棚師傅合作，搭建出不少富有現代化元素的戲棚，例如西九大戲棚（2013 年）與三棟屋戲棚（2018/19 年度），這些創新性戲棚可謂完美結合傳統工藝與現代化風格，令人耳目一新。另一方面，戲棚傳統上只於節、慶、誕、醮時上演戲劇之用，但搭建戲棚費用不菲，動輒數十萬元以上，演出日期卻往往不多於一周，其後便會拆卸戲棚。因此，有部份團體嘗試在演出戲劇後，於戲棚拆卸前利用已搭建好的戲棚，上演一連串現代表演，吸引年輕人走進戲棚。

案例一：西九大戲棚（2013）

西九大戲棚是首個由西九文化區管理局主辦的臨時文化節目，地

36　〈中國戲曲節 2023〉，https://www.cof.gov.hk/2023/tc/blessthisland.html，擷取日期：2024 年 6 月 15 日。

37　以最早對於香港戲棚的文字或圖片記錄計算（《倫敦新聞畫報》（*The Illustrated London News*），1857 年 7 月 11 日），詳見第二章。

西九大戲棚，攝於 2013 年。（由香港特別行政區政府提供）

點位於尖沙咀廣東道的一處平地（現址為戲曲中心），目的是推廣粵劇文化及西九文化區。西九大戲棚首次於 2012 年舉辦，當時的戲棚以傳統方式搭建，約長 60 米、闊 30 米，[38] 共可容納八百個座位，使用了超過一萬支竹，由十位師傅花了逾兩個星期搭建而成，是市區內三十年來最大規模的戲棚。[39] 由於活動於農曆新年前後舉辦，地點便利，而且表演內容糅合了傳統粵劇與當代藝術，受眾甚廣，因此大受歡迎，三千二百張戲票只需兩日就全數沽清，[40] 最終參與展覽、觀看粵劇演出和電影放映的人數超過一萬二千人，[41] 反應十分熱烈，亦令當局決定於 2013 年再次舉辦西九大戲棚，活動時間由原來的六日一口氣延長至十六日。

至於 2013 年的西九大戲棚，尺寸為長 57 米、闊 40 米、高 16 米，需要用逾萬支竹與過千支杉，[42] 體積與 2012 年的戲棚相若；

• •

38 〈西九大戲棚粵劇　汪明荃出手　好潮好時尚〉，《信報》，2012 年 1 月 11 日。

39 〈萬竹搭西九大戲棚　開鑼爆棚〉，《文匯報》，2012 年 1 月 21 日。

40 〈 西九大戲棚 3200 張票即售罄〉，《太陽報》，2011 年 12 月 10 日。

41 〈「大戲棚」成功明年添食〉，《星島日報》，2012 年 1 月 25 日。

42 〈月底開鑼傳統與現代結合　西九戲棚潮流玩意吸客〉，《大公報》，2013 年 1 月 15 日。

然而，2013 年的大戲棚加入了不少現代化的設計，除了棚身以傳統的竹棚搭成之外，更糅合了中國建築講求陰陽及對稱的元素，在戲棚表面鋪上了橙黃色的尼龍網，將大戲棚佈置成皇宮一樣，以增添濃厚的節日氣氛。[43] 負責戲棚工程的嚴順利師傅指，是次戲棚採用了「三頸」的外型，比起一般龍船廠戲棚多一層「呼吸頸」，工序雖然非常複雜，但配合用色與規模，則變得充滿藝術感。[44]

另外，大戲棚亦結合了現代科技，市民到場後，可利用智能手機瞄準戲棚花牌，即可觀看日後的戲曲中心設計，透視文化區日後的模樣。[45] 至於在表演節目方面，除了傳統戲曲，亦引入了無伴奏合唱及中國舞等演出，吸引了不同年齡層的觀眾到場觀看。最終，2013 年西九大戲棚有超過十萬人次進場，每日平均逾六千人次，估計當中約一成為旅客，人數較 2012 年增加逾六倍，為推廣戲棚文化作出重大貢獻。[46]

案例二：三棟屋竹棚 ——「賽馬會『傳‧創』非遺教育計劃」非遺項目周年展覽 2018/ 19

「賽馬會『傳‧創』非遺教育計劃」是由香港賽馬會慈善信託基

43　同上。

44　口述歷史訪談，嚴順利先生，戲棚師傅，2022 年 9 月 5 日

45　〈月底開鑼傳統與現代結合　西九戲棚潮流玩意吸客〉，《大公報》，2013 年 1 月 15 日。

46　〈西九大戲棚觀眾增六倍　未來兩年春節繼續舉辦〉，《星島日報》，2013 年 2 月 17 日。

三棟屋竹棚具有多項創新與現代性元素

金捐助，嶺南大學及香港藝術學院（香港藝術中心附屬機構）合辦，計劃結合研究、教育及活化三大元素，致力於社區推廣，以「重新定義及活化香港非物質文化遺產，旨在連結香港非物質文化遺產的過去及當下，透過重新檢視及建構大眾對各非遺項目的想像探索它們在當代社會的可能性和多樣性」。[47]

至於「賽馬會『傳‧創』非遺教育計劃」周年展覽則旨在展出培訓課程學員的優秀作品，以示其學習成果，亦有部份由傳統工藝大師及當代藝術工作者關於非物質文化遺產的創意作品，以吸引大眾了解傳統工藝及當代藝術的融合和可能性。[48]

於 2019 年舉行的首屆周年展覽，邀請了戲棚師傅陳煜光及藝術家林嵐合作設計竹棚作為開幕禮、展覽等活動的平台，讓觀眾親身感受傳統竹棚技藝的魅力。棚身設計取自神功戲棚，糅合了傳統搭棚手藝以及當代藝術元素，例如在傳統戲棚結構上，加入不

....

47　〈關於我們〉，賽馬會「傳‧創」非遺教育計劃網站，https://ichplus.org.hk/tc/about/background，擷取日期：2024 年 6 月 15 日。

48　同上。

規則形狀的屋頂設計以便散出熱氣、加設兩個大氣窗以提高採光度等。[49] 至於以黃膠帶取代常用的黑膠帶，為的是展現竹棚的氣派，以配合之後一系列於竹棚上舉辦的活動，如開幕禮、「長衫時裝表演」等，[50] 亦會用於展示同學的作品 —— 紮作技藝、剪紙技藝及長衫製作技藝。[51]

案例三：戲棚計劃 —— 傳統現代對對碰

「戲棚計劃 —— 傳統現代對對碰」由康樂及文化事務署主辦，設有不同形式的活動，如工作坊、培訓班、示範講座、展覽及公開演出等，吸引不同社區人士參與，目的是以多角度認識音樂、舞蹈、戲曲、劇藝、跨媒體藝術等表演藝術。[52] 本地舞團「多空間」曾於 2008 年 4 至 5 月間參與「戲棚計劃 —— 傳統現代對對碰」，在戲棚上演神功戲後及拆卸之前，把戲棚一物二用，變身為一個結合傳統與現代的環境舞蹈表演場，透過現代舞、環境舞蹈及各種表演藝術，與觀眾共享藝術與生命的創造力。[53]

自 1990 年代以後，神功戲在香港逐漸式微，[54] 不論是籌辦組織或觀眾均以老一輩為主，甚少年輕人主動參與；同時，由於鄉村城

49　口述歷史訪談，陳煜光先生，2021 年 8 月 7 日。

50　由學生化身模特兒穿上自己設計的長衫。

51　〈難中尋志節 —— 三棟屋竹棚下的手藝傳承〉，《立場新聞》，2019 年 6 月 27 日。

52　〈多空間神功戲棚上起舞〉，《香港政府新聞公報》，2008 年 4 月 17 日。

53　同上。

54　1990 年全港共上演 74 台神功戲，但 2017 年只剩下 41 台，減少大約 40%，見陳守仁、湛黎淑貞：《香港神功粵劇的浮沉》，頁 194。

市化、市區重建等原因，許多地方組織在籌集資金上有極大困難，搭建一個戲棚動輒幾十萬元，但最後只上演幾日神功戲後便拆卸。所以，「多空間」希望透過是次活動，在戲棚裏舉行各種現代藝術活動，以吸引大眾走到戲棚內，包括芭蕾舞、拉丁舞等；此外，演員陳文剛、李志文與舞者在表演神功戲的戲棚上，演出現代舞及舞蹈劇場《尋找快樂金鎖匙》；樂師及舞者又會帶領觀眾進行「鼓舞同歡大巡遊」，以及帶來集環境舞蹈、現場音樂、藝術塗鴉、街頭及行為藝術等元素的跨媒體表演「快樂戲棚客賓臨」。[55] 另一方面，舞團又安排了「共創舞蹈新天地」及「合家歡樂齊齊玩」等環節，[56] 讓長者可以在熟悉的環境下接觸西方藝術，同時吸引年輕人走進戲棚，親子共同走進戲棚享樂，親身感受香港的戲棚文化。[57]

小結

戲棚搭建技藝歷史悠久，自嶺南地區的封閉式竹戲棚誕生以後，承傳至今已有超過數百年歷史，可謂中國傳統文化的活化石。另一方面，自戲棚搭建技藝在香港落地生根以後，經過數代師傅發展、改良，演變成具香港特色的戲棚，最終更成為香港特色文化之一。然而，自 1990 年代起，戲棚搭建技藝開始面臨各種傳承困難，例如粵劇與神功戲數量大減、行業人手短缺等，令戲棚搭

55 〈多空間神功戲棚上起舞〉，《香港政府新聞公報》，2008 年 4 月 17 日。

56 同上。

57 〈跨文化中西合璧劃時空新舊並存戲棚上演「快樂」現代舞三代同堂體驗藝術〉，《星島日報》，2008 年 4 月 24 日。

建技藝的盛況大不如前。

幸好，自回歸以後，社會各界開始重視傳統文化，各界為戲棚搭建技藝的傳承作出不少努力，例如舉辦各種展覽、課程、文化活動等，令大眾重新認識這門擁有悠久歷史的傳統技藝。另一方面，不少設計師、建築師主動與戲棚師傅合作，為戲棚搭建技藝加入了許多創新元素，務求將傳統技藝與現代科技結合，最終搭建出許多具有現代化特色的戲棚，例如西九大戲棚（2013）加入了智能系統與現代設計、三棟屋戲棚（2018/19 年度）則加入當代建築元素，如不規則形狀的屋頂、大氣窗等，這些創新性戲棚展示出傳統技藝絕非一成不變，而是可以與時並進。

2017 年，戲棚搭建技藝被列入為香港非物質文化遺產代表作名錄之一，自此開始以香港非遺代表的身份舉辦大量講座、展覽與課程等，可謂見證各界在多年來一直努力推廣戲棚搭建技藝的成果。

附錄　戲棚搭建大事紀略

年份	事件
新石器時代（約公元前 7000 – 公元前 2000 年）	河姆渡文明已掌握以藤條綁縛加固木構建築的技術，是為中國搭棚技藝的起源。
春秋戰國時代（公元前 770 – 公元前 221 年）	中國建築工程技術發展迅速，魯國的公輸班（即魯班）更發明多種有關搭棚業的工具與技術，如尺、鋸、爬猴竿等。
漢代（公元前 202 – 公元 220 年）	竹棚技術開始成熟，已開始使用「棚閣」輔助施工，類似於現今的工程棚架，百戲中亦不乏有關竹竿雜技表演；另一方面，「露台」是中國戲台發展史的里程碑，是最早於「台」上演「戲」的記錄。
隋唐（581 – 907）	露天戲場開始出現以磚石木材建造的「樂棚」，即為舞台加設精緻的蓋頂。
宋代（960 – 1279）	流行「瓦子勾欄」，以棚木結構建造成半面或全面封閉的舞台，可容納千人以上，設計與功用和現今的戲棚非常相似。
明代（1368 – 1644）	戲台開始走向平民化與多元化的發展，各地則按照不同的地理環境及實際需求來搭建與之相適應的戲台形式，包括會館戲台、臨時戲台等，嶺南地區則創造出竹戲棚。
清代（1644 – 1841）	香港地區已有不少有關神功戲的記錄，而現存最早上演神功戲的記錄是在 1786 年元朗十八鄉大樹下天后廟（清乾隆五十一年），至於負責搭建演戲場地的戲棚業，則隨着神功戲的興旺而傳入香港。
英治早期（1842 – 1898）	香港被英國殖民管治，自此戲棚搭建需要受港英政府管治及限制。
1911	港九搭棚同敬工會創立
1918	跑馬地馬棚火災，政府開始檢討有關搭棚的規管
1919	因應跑馬地馬棚火災，香港政府頒布《公眾娛樂場所條例》，管理所有公眾娛樂場所（包括戲棚）的牌照、規格等。
1941	搭棚同敬工會在勞工處的監督下，與棚業東家訂立了非常詳盡的勞工合約，成功為棚業的學徒爭取明確的工資與福利。
日佔時期（1942 – 1945）	許多棚廠東主及棚工回流內地，香港搭棚業幾乎完全停擺。
1945	香港重光及國共內戰，大量棚廠東主及師傅從內地到港謀生，令搭棚業再次發展蓬勃。
1948	搭棚同敬工會註冊為「港九搭棚同敬工會」，名稱沿用至今。
1956	政府推出有關於搭建戲棚申請程序及結構的新規管，奠定現今所見的戲棚形式，包括戲棚上蓋不可用易燃物、看台不得設置欄杆等。

年份	事件
1969	摩利臣山技術學院創立,其後開辦「中國棚藝」短期課程,完成此課程的學生可獲得證書,傳統的師徒制開始被公開課程淘汰。
1975	香港建造業訓練局成立,早期的基本工藝課程設竹棚工藝科。
1970 年代末	棚業開始全面轉用黑色尼龍篾,取代使用工序繁複的傳統竹篾。
1980 年代	香港開始步入城市化的階段,建築棚架的需求大增,令許多棚廠與棚工開始轉營建築棚架工程。
1990 年代	傳統風俗活動開始縮減,戲棚業生意大減。
2007	大江埔村盂蘭勝會成為香港首個使用鋁合金棚的潮籍盂蘭勝會
2012	香港西九文化區管理局舉辦西九大戲棚活動(2012 – 2014)
2014	香港政府公布香港首份非物質文化遺產清單,戲棚搭建技藝獲選在內。
2017	香港政府公布香港非物質文化遺產代表作名錄,戲棚搭建技藝獲選在內。
2018	香港建造學院成立,學院課程獲資歷架構認證。
2019 – 2023	受到 2019 冠狀病毒病疫情的影響,神功戲戲棚搭建工程幾乎停擺。
2023 –	地方組織陸續復辦神功戲

參考文獻及書目

一、檔案

HKRS41-2A-76. "Chinese Theatrical Performances — Matshed Theatres", Hong Kong Public Records Office.

HKRS939-1-3. "Industrial Relations: Bamboo Scaffolding Trade", Hong Kong Public Records Office.

二、文件及報告

屋宇署：《竹棚架設計及搭建指引》。香港：屋宇署，2006 年。

建造業議會：《承建商合作培訓計劃（CCTS）架構文件》。香港：建造業議會，2016 年。

香港建造學院：《承建商合作培訓計劃架構文件》。香港：香港建造學院，2022 年。

財務委員會：〈二零二一至二二年度開支預算審核，管制人員對財務委員會委員初步書面問題的答覆〉，文件編號：HAB159。

三、報章媒體

《大公報》、《大紀元》、《工商晚報》、《文匯報》、《太陽報》、《立場新聞》、《明報》、《信報》、《星島日報》、《香港 01》、《香港工商日報》、《香港商報》、《香港華字日報》、《香港獨立媒體》、《晴報》、《華僑日報》、《經濟日報》、《頭條日報》、《蘋果日報》、The Illustration London News

四、古籍

《三輔黃圖》。文淵閣四庫全書數據庫。

《太平廣記》。文淵閣四庫全書數據庫。

《北溪大全集》。文淵閣四庫全書數據庫。

《史記》。文淵閣四庫全書數據庫。

《竹書紀年》。文淵閣四庫全書數據庫。

《西京雜記》。文淵閣四庫全書數據庫。

《武林舊事》。文淵閣四庫全書數據庫。

《洛陽伽藍記》。文淵閣四庫全書數據庫。

《洞冥記》。文淵閣四庫全書數據庫。

《隋書》。文淵閣四庫全書數據庫。

王定：《唐摭言》。上海：古典文學出版社，1957 年。

朱有燉：《新編宣平巷劉金兒復落娼一卷》。東京大學東洋文化研究所漢籍善本全文影像資料庫。

吳自牧:《夢粱錄・卷十九》。杭州:浙江人民出版社,1980 年。

范曄:《後漢書》。國學整理社,1935 年。

班固著、顏師古注:《漢書》。北京:中華書局,1962 年。

張之洞:《勸學篇。設學第三》。北京:華夏出版社,2002 年。

張岱:《陶庵夢憶》。杭州:西湖書社,1982 年。

張采:《太倉州志》。北京:北京愛如生中國方志庫。

陳壽撰、裴松之注:《三國志》。北京:中華書局,1997 年。

陶宗儀:《南村輟耕錄》。上海:上海古籍出版社 2012 年。

《論語》。北京:北京燕山出版社,1995 年。

《韓非子》。香港:迪志文化公司,2001 年。

魏收:《魏書》。長春:吉林人民出版社,1995 年。

羅貫中:《三國演義》。北京:華夏出版社,2007 年。

蘭陵笑笑生:《金瓶梅》。貴陽:貴州人民出版社,1988 年。

五、書籍

王賡武:《香港史新編》。香港:三聯書店(香港)有限公司,1997 年。

田仲一成:《中國祭祀戲劇研究》。北京:北京大學出版社,2008 年。

田仲一成:《中國祭祀演劇研究》。東京:東京大學東洋文化研究所,1981 年。

何志華編:《先秦兩漢典籍引〈詩經〉資料彙編》。香港:香港中文大學出版社,
　　2015 年

何佩然:《班門子弟:香港三行工人與工會》。香港:三聯書店(香港)有限公司,
　　2018 年。

何蘇:《中國棚業》。香港:何蘇記棚業工程出版,1971 年。

吳鳳平、林偉業、陳淑英、盧萬方:《戲棚粵劇與學校教育 —— 從文化空間到學習空
　　間》。香港:香港大學教育學院中文教育研究中心,2012 年。

周華斌、朱聰群:《中國劇場史論(上卷)》。北京:北京廣播學院出版社,2003 年。

周華斌、朱聰群:《中國劇場史論(下卷)》。北京:北京廣播學院出版社,2003 年。

周新華:《稻米部族:河姆渡遺址考古大發現》。杭州:浙江文藝出版社,2002 年。

周樹佳:《香港諸神:起源、廟宇與崇拜》。香港:中華書局(香港)有限公司,2021 年。

周樹佳:《鬼月鈎沉:中元、盂、蘭餓鬼節》。香港:中華書局(香港)有限公司,
　　2015 年。

孟元老:《東京夢華錄》。北京:商務印書館,1936 年。

邵九華、趙曉波、黃渭金：《遠古文化之光：河姆渡遺址博物館》。北京：中國大百科全書出版社，1998 年。

科大衛、陸鴻基、吳倫霓霞合編：《香港碑銘彙編 · 第一冊》。香港：香港市政局，1986 年。

科大衛、陸鴻基、吳倫霓霞合編：《香港碑銘彙編 · 第二冊》。香港：香港市政局，1986 年。

馬木池、張兆和、黃永豪、廖迪生、劉義章、蔡志祥：《西貢歷史與風物》。香港：西貢區議會，2011 年。

高添強：《馬場先難友紀念碑》。香港：東華三院檔案及歷史文化辦公室，2016 年。

康樂及文化事務署：《香港博物館期刊第 1 期》。香港：康樂及文化事務署，2017 年。

張震澤：《張衡詩文集校注》。上海：上海古籍出版社，1986 年。

許舒：《新界百年史》。香港：中華書局（香港）有限公司，2016 年。

陳天權：《香港節慶風俗》。香港：明報出版社，2012 年。

陳守仁、湛黎淑貞：《香港神功粵劇的浮沉》。香港：中華書局（香港）有限公司，2018 年。

陳守仁：《儀式、信仰、演劇：神功粵劇在香港》。香港：香港中文大學粵劇研究計劃，1996 年。

陳宏謀：《培遠堂偶存稿文檄：四十八卷 v.10》，香港中文大學圖書館數碼館藏。

陳翠兒、蔡宏興、香港建築師學會：《空間之旅：香港建築百年》。香港：三聯書店（香港）有限公司，2005 年。

陳蒨：《潮籍盂蘭勝會：非物質文化遺產、集體回憶與身份認同》。香港：中華書局（香港）有限公司，2015 年。

黃競聰：《簡明香港華人風俗史》。香港：三聯書店（香港）有限公司，2020 年。

奧古斯特 · 博爾熱：《奧古斯特 · 博爾熱的廣州散記》。上海：上海書店出版社，2006 年。

楊懷俸編年：《西貢天后關帝古廟誌》。香港：廟誌編印委員會，1993 年。

廖奔：《中國古代劇場史》。鄭州：中州古籍出版社，1997 年。

廖迪生：《香港廟宇 · 上卷》。香港：萬里機構，2022 年。

蒲台島風物志工作組：《蒲台島風物志》。香港：三聯書店（香港）有限公司，2016 年。

蒲肖依：《建築裏的中國》。香港：三聯書店（香港）有限公司，2019 年。

劉智鵬、劉蜀永編：《方志中的古代香港：〈新安縣志〉香港史料選》。香港：三聯書店（香港）有限公司，2020 年。

劉智鵬、劉蜀永編著：《香港史：從遠古到九七》。香港：香港城市大學出版社，

　　2020 年。

劉智鵬:《建造香港:方圓平直 —— 香港建造培訓四十五周年發展歷程》。香港:中
　　華書局(香港)有限公司,2020 年。

鄧端本:《嶺南掌故》。廣州:廣東旅遊出版社,1997 年。

蕭國健:《簡明香港近代史》。香港:三聯書店(香港)有限公司,2021 年。

錦田鄉十年一屆酬恩建醮第三十三屆委員會:《錦田鄉十年一屆酬恩建醮:歲次乙未
　　(2015 年)第三十三屆特刊》。香港:錦田鄉十年一屆酬恩建醮第三十三屆委員會,
　　2015 年。

謝燕舞、小口、潘詩敏:《棚·觀·集 —— 關於竹棚、戲曲及市集文化的探索》。香
　　港:藝述研究社,2010 年。

鄺智文:《重光之路:日據香港與太平洋戰爭》。香港:天地圖書有限公司,2015 年。

Construction Industry Training Authority. *Proceedings of the International Conference on
　　Construction Training*. Hong Kong: Construction Industry Training Authority, 1996.

William H. Allen: *Allen's Indian Mail and Register of Intelligence for British & Foreign India,
　　China, & All Parts of the East vol.2.,* London: L. Wild, 1857.

六、文章

王志高:〈《南都繁會景物圖卷》所繪城市空間解析〉,《中國國家博物館館刊》,
　　2019 年第 9 期,頁 141-149。

田仲一成:〈二十世紀香港潮幫祭祀活動回顧 —— 遺存的潮州文化〉,《饒宗頤國學
　　院院刊》,2014 年第 1 期,頁 395-441。

李婉霞:〈明清時佛山社會文化與神功戲探析〉,《佛山科學技術學院學報(社會科學
　　版)》,2016 年第 1 期,頁 8-15。

李婉霞:〈清代粵港澳神功戲演出及其場所〉,《戲曲品味》,第 159 期,頁 77-79。

林國輝:〈從歷史資料重構 1868 年香港四環盂蘭勝會〉,《田野與文獻》,第 95 期,
　　頁 13-24。

張瑞威:〈老香港的節日及風俗〉,《鑪峰古今 —— 香港歷史文化論集 2013》,2014
　　年,頁 21-40。

梁源口述;陳國康、霍家榮執筆:〈廣州搭棚業〉,《廣州文史資料》,第 31 輯,頁
　　213-235。

陳雅新:〈西方史料中的 19 世紀嶺南竹棚劇場 —— 以圖像為中心的考察〉,《戲曲研
　　究》,2019 年第 4 期,頁 160-178。

程宜:〈廣府搭棚藝術〉,《文化遺產》,2013 年第 4 期,頁 146-151。

楊迪:〈戲棚、劇院、私夥局 —— 19 世紀末至 20 世紀初澳門粵劇活動的場所變化〉，《戲曲研究》，2017 年第 2 期，頁 65-86。

劉茜:〈漢畫像石中樂舞百戲的功能與意義〉，《戲曲藝術》，2011 年第 3 期，頁 41-44。

鄭子璿:〈澳門非遺搭棚工藝 —— 戲棚〉，《居業》，2020 年第 5 期，頁 60-178。

Dan Waters, "The Craft of the Bamboo Scaffolding". *Journal of the Hong Kong Branch of the Royal Asiatic Society*, Vol. 37 (1998): 19-38.

"Tree Houses in New Guinea". *Scientific American*, Vol. S4 No. 10 (1886): 152.

七、口述歷史訪問

張雪英女士，偉業棚廠負責人，2022 年 5 月 12 日。

陳煜光先生，樺堡工程有限公司負責人兼戲棚師傅，2021 年 8 月 7 日、2022 年 11 月 11 日。

嚴順利先生，戲棚師傅，2022 年 9 月 5 日、2022 年 11 月 15 日。

八、網上資源

〈2017/18 戲棚粵劇齊齊賞〉，康樂及文化事務署網站，https://www.art-mate.net/doc/48662。

Iris Ip:〈戲棚美學〉，Iris Ip Youtube 網站，https://www.youtube.com/watch?v=eGP4fGr-0xY。

〈ISLAND__PENINSULA 島與半島〉，ISLAND__PENINSULA 島與半島網站，https://zh.islandpeninsula.com/。

〈中國戲曲節 2023〉，康樂及文化事務署網站，https://www.cof.gov.hk/2023/tc/blessthisland.html。

〈「竹跡。築跡」展覽〉，古物古蹟辦事處網站，https://www.amo.gov.hk/tc/news/index_id_71.html?year=2011。

〈周年展覽〉，賽馬會「傳 · 創」非遺教育計劃網站，https://ichplus.org.hk/tc/programme/annual-showcases。

〈【非遺系列】戲棚搭建技藝 360°影片〉，政府青少年網站，https://www.youth.gov.hk/tc/cultural-and-leisure/stories/detail.htm?content-id=2395795&section=CLA。

〈建造棚架證書〉，香港建造學院網站，https://hkic.edu.hk/chi/course/cxcw。

〈政府公布首份香港非物質文化遺產代表作名錄〉，香港特別行政區政府新聞公報網站，https://www.info.gov.hk/gia/general/201708/14/P2017081400644.htm。

〈香港大學粵劇教育研究及推廣計劃傳媒發佈會〉，香港大學網站，https://www.hku.

hk/press/c_news_detail_6136.html。

香港非物質文化遺產代表作名錄〉，非物質文化遺產辦事處網站，https://www.lcsd. gov.hk/CE/Museum/ICHO/zh_TW/web/icho/the_representative_list_of_hkich.html。

〈香港首份非物質文化遺產清單〉，非物質文化遺產辦事處網站，https://www.lcsd.gov. hk/CE/Museum/ICHO/zh_TW/web/icho/the_first_intangible_cultural_heritage_inventory_ of_hong_kong.html。

〈【棚之藝術】搭棚用什麼竹？〉，寶高棚業工程 Facebook 網站，https://www. facebook.com/pokoscaffolding/photos/a.1504327846539036/1506328929672261/?ty pe=3。

〈搭棚工藝〉，澳門文化遺產，https://www.culturalheritage.mo/detail/101976。

"Historical Laws of Hong Kong Online", *The University of Hong Kong Libraries*, https:// oelawhk.lib.hku.hk/exhibits/show/oelawhk/home.

〈搭戲棚近 50 載，嚴順利師傅直言，這不只是一份工，一門手藝，更是一種沉甸甸 的民間文化〉，香港文聯網站，https://www.hkwl.org/article/716-%e6%90%ad%e6% 88%b2%e6%a3%9a%e8%bf%9150%e8%bc%89%ef%bc%8c%e5%9a%b4%e9%a0 %86%e5%88%a9%e5%b8%ab%e5%82%85%e7%9b%b4%e8%a8%80%ef%bc%9a- %e9%80%99%e4%b8%8d%e5%8f%aa%e6%98%af%e4%b8%80%e4%bb%bd%e5 %b7%a5/。

〈慶真堂重修記〉，香港中文大學道教數位博物館網站，https://daoddm2.crs.cuhk.edu. hk/home.php?f=book&doc_id=6598。

〈錦田地名初探〉，香港地方志中心網站，https://www.hkchronicles.org.hk/%E9%A6%99 %E6%B8%AF%E5%BF%97/%E5%9C%B0%E5%90%8D/%E9%8C%A6%E7%94%B0% E5%9C%B0%E5%90%8D%E5%88%9D%E6%8E%A2。

優遊香港博物館 Visit HK Museums：〈【非物質文化遺產辦事處 — 戲棚搭建技藝 Bamboo Theatre Building Technique】〉，優遊香港博物館 Visit HK MuseumsYoutube 網 站 https://www.youtube.com/watch?v=nJNjvzrp4ks。

〈戲棚粵劇教育及出版計劃〉，衞奕信勳爵文物信託網站，https://www.lordwilson- heritagetrust.org.hk/tc/projects/project_listing/project_details/10-182.html。

〈戲棚粵劇與學校教育〉，香港大學教育學院中文教育研究中心網站，https://www. cacler.hku.hk/hk/publication/books/bamboo-shed-cantonese-opera-and-school-education- from-cultural-space-to-learning-space。

〈關於我們〉，賽馬會「傳 · 創」非遺教育計劃網站，https://ichplus.org.hk/tc/about/ background。

鳴謝

(排名按筆畫順序)

受訪者

張雪英女士

陳煜光先生

嚴順利先生

機構

青衣天后演戲值理會

青衣鄉事委員會

偉業棚廠

樺堡工程有限公司

鴻嘉寶劇團

編撰小組

嶺南大學香港與華南歷史研究部
編撰小組

編著

劉智鵬教授

黃君健先生

盧惠玲女士

研究助理

楊家樂先生

後記

2016 年夏天，我們的研究團隊着手調研香港扎鐵業的發展歷史，並由此進入探索香港建築史的學術歷程。幾年之間，我們完成了四個項目，包括專書《鐵漢柔情：香港建築扎鐵業發展史》（2018）、《建造香港：方圓平直 —— 香港建造培訓四十五周年發展歷程》（2020）、*The Court of Final Appeal*（2021），以及專業報告 *The Making of Hong Kong: Historical Development of the Construction Industry and its Technological Advancement*（2022）。

我們的工作集中在整理爬梳香港建造業界的舊聞軼事，探究香港建築及其技術發展歷史，以及建造培訓的發展歷程。2019 年，我們研究部主辦的非遺項目舉行「賽馬會『傳‧創』非遺教育計劃」首屆周年展覽，搭建了一個糅合傳統建造技藝與當代藝術元素的竹棚。這個竹棚除了完成提供展覽表演場地的任務，也成為我們探究竹棚技術的發端。2020 年，承蒙非物質文化遺產辦事處「伙伴合作項目」資助，我們組成研究團隊開展戲棚搭建技藝的研究及出版計劃。三年下來，我們做了大量調研工作，包括綜合文獻回顧、實地考察及口述歷史的資料，探索戲棚的歷史軌跡、搭建技藝及傳承現況等。

非物質文化遺產是歷史和文化的載體，工藝是非遺的重要組成部分，記錄工藝傳承有助重塑及記載歷史圖像。綜觀香港建築發展歷程，從建築用途的竹棚架到民間上演神功戲的戲棚，均涉及竹棚的傳統建築技術。文獻記錄上的戲棚源遠流長，可以上溯新石器時代的干欄式建築，以至明清時期嶺南地區的臨時戲台。今日的香港是國際大都會之中僅存的城市仍在延續竹棚技藝的傳統，可謂世界建築發展史上的奇葩。

戲棚是民間傳統工藝，具有「隨建隨拆」的特性；根據口述歷史的訪談記錄，師傅搭建戲棚的技術水平遠高於建築棚；無論從上演神功戲的實用性戲棚到戲曲藝術節的藝術性戲棚，搭建技藝都可謂鬼斧神工，更從中展示了非遺的傳承精神。

開展研究計劃期間，適逢 2019 冠狀病毒病肆虐，地方組織停辦民間信仰活動及神功戲，戲棚行業因而一度停擺；本來從事搭建戲棚的師傅也轉業搭建建築棚，令戲棚行業雪上加霜；我們的研究團隊也因此未能如期考察戲棚搭建過程，無法完全掌

握戲棚生態圈的運作狀況，影響資料蒐集的進度。最終透過邀請棚廠東主及戲棚師傅訪談及提供歷史照片，方能窺探昔日戲棚行業的高低起伏及搭建步驟。研究工作步入尾聲之際，疫情戛然而止，戲棚行業陸續恢復，我們有幸在出版專刊前仔細考察青衣戲棚的搭建過程，並對照舊照片比較今昔戲棚的搭建技藝的異同。

本書的研究與出版得以順利完成，實有賴各方朋友的協助，我們借此書出版的機會向他們表示謝忱。首先，我們要感謝所有參與口述歷史訪談的棚廠東主和戲棚師傅；他們付出寶貴的時間，提供重要的資料，增補戲棚搭建技藝的傳承體系。編撰小組的研究助理楊家樂先生，為本書的編撰做了大量的工作；中華書局（香港）有限公司的編輯在出版付梓階段提供了寶貴的意見；以及四位學生助理 —— 洪琬婷、張凱悅、許悅及黃瑞華，在本書的編撰過程中提供協助，在此一併致謝。

香港著名建築師馮永基先生為本書賜序，為我們的工作給予專業的肯定；我們不勝感激，特此鳴謝！

劉智鵬　黃君健　盧惠玲

香港非物質文化遺產系列

戲棚搭建技藝

劉智鵬　黃君健　盧惠玲　著
嶺南大學　策劃

責任編輯　　　白靜薇
版式設計　　　簡雋盈
排　版　　　陳美連
印　務　　　劉漢舉

出　版
中華書局（香港）有限公司
香港北角英皇道 499 號北角工業大廈一樓 B
電話：（852）2137 2338
傳真：（852）2713 8202
電子郵件：info@chunghwabook.com.hk
網址：http://www.chunghwabook.com.hk

發　行
香港聯合書刊物流有限公司
香港新界荃灣德士古道 220 － 248 號荃灣工業中心 16 樓
電話：（852）2150 2100
傳真：（852）2407 3062
電子郵件：info@suplogistics.com.hk

版　次
2024 年 7 月初版
©2024 中華書局（香港）有限公司

規　格
大 16 開（287mm x 178mm）

ISBN
978-988-8862-10-8